# · ESPRIT ·

Comprendre le monde qui vient

212, rue Saint-Martin, 75003 Paris
**www.esprit.presse.fr**

**Rédaction :** 01 48 04 92 90 - redaction@esprit.presse.fr
**Ventes et abonnements :** 03 80 48 95 45 - abonnement@esprit.presse.fr

**Fondée en 1932 par Emmanuel Mounier**

**Directrice de la rédaction** Anne-Lorraine Bujon
**Rédactrice en chef** Anne Dujin
**Rédacteur en chef adjoint** Jonathan Chalier
**Responsable de la communication** Edouard Chignardet

## À plusieurs voix



## Retrouver la souveraineté ?

# Varia



# Cultures

# *Éditorial*

# LE FIL DU POLITIQUE

Compte tenu de ce qu'a été jusqu'alors la campagne pour l'élection présidentielle, commence à se profiler un scénario inquiétant : celui d'un président de la République élu, mais perçu comme illégitime par une part importante des Français.

Le phénomène n'est ni nouveau, ni spécifiquement français. Mais il oblige à prendre acte de l'épuisement d'un principe qui a fondé la démocratie représentative : le pouvoir est légitime parce qu'il est établi sur le vote majoritaire, censé incarner la volonté générale. Certes, ce principe relève moins d'une réalité tangible que d'une fiction démocratique, régulièrement fragilisée au cours de l'histoire de nos systèmes politiques. Ces dernières années, le phénomène de polarisation de nombreuses sociétés et la difficulté croissante d'y bâtir un consensus politique ont encore affaibli la croyance selon laquelle un président ou un chef de gouvernement, élu par une courte majorité, pourrait incarner une quelconque volonté générale.

En France, la présidentielle reste un moment de politisation intense. Mais d'exceptionnel par sa capacité à rythmer notre vie publique, il est devenu pathologique. Désinvesti par des électeurs qui s'y intéressent de moins en moins, il est dans le même temps surjoué par des candidats qui, tous, réinterprètent la partition d'une hyper-présidentialisation devenue caricaturale. Tout ce qui, dans la Constitution de la V^e^ République, contrebalançait le pouvoir présidentiel (le décalage des calendriers présidentiel et parlementaire et la possibilité de la cohabitation, le recours régulier au référendum) n'a plus cours. Les présidents omniprésents nous ont fait oublier que c'est le gouvernement qui *« détermine et conduit la politique de la Nation »*. Nous assistons à la pantomime sans y croire, le bulletin glissé dans l'urne déjà lesté du désenchantement à venir, tandis que, pour une part croissante de l'électorat, la figure providentielle tend à se confondre avec celle du chef, que promettent d'incarner des candidats d'extrême droite.

Cela fait longtemps que monte, de différents horizons politiques, l'idée d'une nécessaire réforme des institutions, pour raviver une vitalité et une confiance démocratiques perdues. De l'introduction d'une dose de proportionnelle aux élections législatives à la constitution d'une VIe République, différents ouvrages pourraient être remis sur le métier. Pourtant, on en reste aux déclarations d'intention, au point que la « réforme des institutions » fait désormais figure de serpent de mer. Mais ce serpent se mord la queue : parce qu'il faut être légitime pour changer les institutions, il faut d'abord passer par le chas de l'élection présidentielle, et donc jouer le jeu d'un régime à bout de souffle.

On connaît les voies possibles pour renouveler la légitimité du politique en régime démocratique. La première voie est celle de la démultiplication des sources de la légitimité. Les années 1980 et 1990 ont été riches de réflexions en théorie politique sur le rôle des autorités indépendantes et des cours constitutionnelles, comme lieux où peut s'exercer un contrôle social des responsables politiques. Pourtant, ces institutions ont du mal à être reconnues comme participant pleinement de l'ordre démocratique. Les débats qui ont rythmé cette campagne autour de la notion de souveraineté, entendue comme un pouvoir unilatéral de décision, en témoignent. La seconde voie serait celle d'un élargissement des formes de participation et de délibération, au-delà du seul vote. Du mouvement des jeunes pour le climat à celui des Gilets jaunes, les demandes d'autres modes de participation à la chose publique ne cessent de se multiplier. Mais ni le grand débat national ni la convention citoyenne sur le climat n'ont permis de donner corps à celles-ci. La participation reste pensée comme un face-à-face entre le pouvoir et les citoyens, abolissant les médiations institutionnelles qu'elle devrait au contraire enrichir. Faut-il attendre, pour que nos dirigeants prennent au sérieux l'effondrement de

**Faut-il attendre, pour que nos dirigeants prennent au sérieux l'effondrement de la croyance dans les institutions représentatives, que s'enclenche un cycle de violence ?**

la croyance dans les institutions représentatives, que s'enclenche un cycle de violence politique et sociale – dont les Gilets jaunes n'ont été que les prémices –, marchepied d'un pouvoir autoritaire, qui s'embarrassera moins de la question de sa légitimité ?

Une expression s'est banalisée au cours des derniers quinquennats, celle de « président mal élu ». Quoi qu'elle désigne précisément, elle doit nous mettre mal à l'aise, car elle nous installe dans une dangereuse indétermination : que peut faire ou ne pas faire un président « mal élu » ? Et que peut-on en attendre ? Cette seule question souligne l'urgence qu'il y a à élargir enfin le chas de l'aiguille, par lequel passe le fil de nos aspirations politiques. Sans attendre que se fasse jour, autrement plus menaçante, une brèche dans nos institutions démocratiques.

*Esprit*

À
PLUSIEURS
VOIX

# LE SPECTRE DE LA GUERRE DANS LES BALKANS

*François Crémieux*

Ceux qui ont l'âge d'avoir suivi le siège de Sarajevo en direct entre 1992 et 1996 ont souvent confondu qui était qui, qui luttait pour quoi, quelle ville se trouvait où et laquelle de Vukovar, Mostar ou Mitrovica était en Croatie, en Bosnie ou au Kosovo. Peu ont compris pourquoi les Kosovars albanais ne revendiquaient pas une « grande Albanie » mais leur indépendance, ni comment la Bosnie-Herzégovine pouvait être un État fédéral, lui-même constitué de la fédération de Bosnie-Herzégovine et de la République serbe. Et savoir que ce fut le général Jovan Divjak, un militaire serbe de culture orthodoxe, qui commanda la résistance du siège de Sarajevo à la tête d'une armée principalement constituée de jeunes Bosniaques, majoritairement de culture musulmane, a pu finir de semer la confusion.

De notre difficulté à comprendre ces Balkans naît une grande inquiétude au moment où le leader nationaliste Milorad Dodik se reprend à faire défiler forces de police et paramilitaires pour célébrer l'anniversaire de cette République serbe à Banja Luka. Cette inquiétude est celle de voir se rejouer l'histoire : que, par la trajectoire longue des histoires des peuples et à l'occasion de nouvelles circonstances historiques, d'autres enchaînements puissent mener aux mêmes affrontements.

Les bottes des policiers et paramilitaires serbes ou russes nous rappellent d'abord la fragilité de cette mauvaise fin de guerre en Bosnie. Les accords de Dayton du 14 décembre 1995, qui mirent fin à cette guerre après le massacre de Srebrenica, auguraient mal d'une véritable paix, signés par ceux-là mêmes qui avaient mené les combats et parfois massacré par milliers. Les diplomaties occidentales avaient manqué pour le moins de discernement ou de courage en réunissant autour de la table des négociations, sur un pied d'égalité, agresseurs et victimes, ramenés au même statut de belligérants, sans véritable perspective de justice, donc de réconciliation. Quatre ans après ces accords de paix, il y eut encore l'invasion du Kosovo par la Serbie en 1999. Malgré une justice qui finit par venir très tardivement, avec de nombreuses condamnations pour crime de guerre ou génocide, on comprend qu'il ait fallu du temps aux habitants de Sarajevo après ce très long siège, aux femmes de Srebrenica qui avaient perdu 8 000 hommes ou aux Albanais de Mitrovica, pour se laisser aller à espérer qu'à défaut de paix, peut-être au moins ces guerres étaient-elles terminées. Au point que certains doutent encore et que si, pour un jeune Français, une nouvelle guerre dans les Balkans serait une surprise, peu aux terrasses de Sarajevo ou alentour, même vingt-cinq ans après, diraient leur étonnement.

Le pessimisme des Sarajéviens, qui craignent que cette mauvaise paix ne puisse un jour ramener la guerre, fait écho à l'enthousiasme de nombreux nationalistes, convaincus qu'une bataille perdue ne dit jamais rien des vainqueurs ou vaincus de la guerre. En effet, du monde balkanique il nous faut aussi comprendre un certain rapport à l'histoire. Milosevic, le leader de la Serbie de la fin des années 1980, avait ravivé la flamme nationaliste et déclenché le chaos avec un discours de célébration de la défaite serbe de Kosovo Polje face aux armées ottomanes en 1389, érigée en acte héroïque de résistance. Comme si les guerres de la fin du XXe siècle n'avaient été que le prolongement d'un combat de six cents ans, avec ses nouvelles victoires et défaites. Autrement dit, pour ces nationalistes qui défilent en ce début d'année 2022, l'histoire poursuit son cours millénaire, sans rupture, et une autre guerre ne serait qu'une nouvelle bataille.

Enfin, rappelons que les guerres balkaniques récentes n'ont pas commencé en 1989 pour des raisons seulement yougoslaves, et qu'elles ne se sont terminées par la seule volonté des nouvelles républiques issues de l'éclatement de l'héritage de Tito. Elles sont aussi nées de l'instrumentalisation réciproque des nationalismes internes et des rivalités européennes, comme du rapport de forces entre États-Unis et Russie en Europe centrale.

**La démonstration de force organisée par le leader serbe à Banja Luka le 9 janvier 2022 est une provocation politique à la face de l'Europe.**

C'est bien pourquoi la conjoncture actuelle est si préoccupante. Si les combats ont cessé à l'aube de ce siècle, en Bosnie puis au Kosovo, grâce à l'alliance des dirigeants européens et américains, la guerre pourrait renaître de ces braises mal éteintes par la faiblesse des mêmes dirigeants et l'envie des nationalistes de la région de reprendre les batailles là où ils considèrent avoir été contraints au cessez-le-feu.

La démonstration de force organisée par le leader serbe à Banja Luka le 9 janvier 2022 est une provocation politique à la face de l'Europe, comme les nationalistes des Balkans ont souvent su les mettre en scène. Ces dates anniversaires d'événements historiques, souvent puisées dans un récit dédié à servir la cause nationaliste, ont déjà été l'occasion de mesurer la capacité des paramilitaires à provoquer des affrontements ou des foules à les soutenir, et de tester l'ampleur de la réaction à craindre des démocraties ou des instances internationales.

Il reste dans le sud des Balkans (Serbie, Croatie, Bosnie-Herzégovine, Monténégro, Kosovo) tout le potentiel pour reprendre la guerre et déstabiliser une Europe déjà tiraillée entre démocraties et populismes. Et on peut penser que si Vladimir Poutine voyait un coup à jouer sur son échiquier en soutenant un démantèlement de la Bosnie-Herzégovine par un rattachement de sa République serbe à la Serbie actuelle, il n'hésiterait pas. Ce qui serait revendiqué comme un retour à des frontières « naturelles », car ethniques, encouragerait la bascule d'une Europe centrale déjà fragilisée par le nationalisme hongrois et les populismes alentour dans un nouveau chaos. Et c'est ainsi que depuis le 9 janvier, Milorad Dodik et ses paramilitaires, comme Slobodan Milosevic en son temps, nous observent et se demandent jusqu'où ils pourront mener leur projet de déstabilisation de la région et de reconquête nationaliste sans que nul ne réagisse ni que personne ne les arrête.

---

***François Crémieux***

**Actuellement directeur général de l'Assistance publique-Hôpitaux de Marseille, il a témoigné de son engagement en ex-Yougoslavie dans *Casque bleu* de Chris Marker et, avec Marc Benda, dans *Paris-Bihac* (Michalon, 1995).**

# L'IMPRÉVOYANCE ALLEMANDE

***Felix Heidenreich***

Mesurer l'impact de la crise sanitaire sur la dynamique de nos démocraties semble, à ce jour, difficile : la crise n'est pas terminée. On peut tout au plus tenter de tirer les premières leçons des différents épisodes pandémiques déjà traversés.

Le cas de l'Allemagne semble particulièrement intéressant, parce que c'est un pays situé au centre de l'Europe, qui entretient des relations intenses avec les autres pays, et qui est connu pour sa structure fédérale et son État-providence. Pourtant, il est difficile de dire si l'Allemagne constitue un cas paradigmatique. Une question doit néanmoins être posée, celle de la possibilité d'une politique d'anticipation des risques. Car l'Allemagne est aussi le pays d'Ulrich Beck, qui a publié en 1986 son livre fameux sur la *« société du risque »* – un livre qui propose d'interpréter le processus démocratique comme une anticipation, une mutualisation et une allocation des risques[1].

L'Allemagne témoigne d'une transformation dans la manière de concevoir l'État démocratique. En effet, la crise sanitaire a remis en question non seulement le fonctionnement mais l'idée même de République fédérale d'Allemagne.

## Trois échecs d'anticipation

« On aurait pu l'anticiper ! » C'est une phrase qu'on a souvent entendue en Allemagne depuis le début de la crise de la Covid-19. On peut distinguer trois moments au cours desquels l'étonnement face à l'incompétence du système politique fut particulièrement fort. Le premier correspond à la phase allant de novembre 2019 à février 2020. Dès le début, les experts ont expliqué que le nouveau virus était très dangereux, ce qui n'a cependant pas suscité la moindre réaction du système politique allemand. À cette époque, le débat public tournait autour de la question d'un successeur de Merkel au sein du parti conservateur, la CDU. Il aura fallu que parviennent les horribles images de Bergame en février 2020 pour provoquer une réaction politique.

Le deuxième moment fut celui durant lequel les vaccins étaient disponibles à l'échelle mondiale, mais pas en Allemagne. Au printemps 2021, le gouvernement israélien déployait très rapidement son programme de vaccination. En Allemagne, pourtant, les choses n'avançaient pas. Il manquait non seulement les vaccins mais aussi les infrastructures permettant de mettre en œuvre la vaccination. À nouveau, les citoyens se disaient qu'on aurait pu l'anticiper. Ce n'est qu'en décembre 2021 qu'on commence à discuter de la possibilité d'autoriser les dentistes et les pharmaciens à vacciner les gens.

Le troisième moment est sans doute le plus grave. Depuis le mois de juillet 2021, les experts avaient prévenu les politiques que le virus poserait de nouveau un problème si le pourcentage de la population vaccinée n'augmentait pas rapidement. À nouveau, le gouvernement n'a pas réagi – et cela pendant plusieurs mois. La campagne électorale a focalisé toute l'attention publique, et la chancelière a passé son temps à rendre d'ultimes

**1 - Ulrich Beck, *La Société du risque. Sur la voie d'une autre modernité* [1986], trad. par Laure Bernardi, Paris, Aubier, 2001 (rééd. Flammarion, coll. « Champs », 2007).**

visites à Macron, à Poutine, au pape et à Biden pour faire ses adieux. En novembre 2021, les hôpitaux n'arrivent plus à assurer un service professionnel pour tous, notamment en Bavière et en Saxe.

À nouveau, les citoyens se disent qu'il aurait fallu éviter cette situation. Cette fois, la tonalité des discours publics est plus grave : la défiance ne vise plus telle ou telle personnalité particulière, mais l'ensemble du système politique. Une formule souvent utilisée est celle d'une « irresponsabilité organisée ». Ce monstre linguistique renvoie à un phénomène typique de la République fédérale d'Allemagne : c'est la structure même qui rend impossible l'imputation d'une responsabilité politique, et c'est la nature même du système qui rend improbable l'émergence de décisions courageuses. L'entrelacement des compétences et la nécessité de trouver un consensus permettent également, en retour, de se cacher dans l'anonymat de ce consensus.

## Comment expliquer cet échec ?

Cet échec d'anticipation du système politique allemand s'inscrit dans une longue série : la crise financière, la crise de la dette publique en Grèce, la crise ukrainienne de 2014, la crise migratoire de 2015, l'échec honteux en Afghanistan – alors qu'à chaque fois, la chancelière n'a pas manqué d'expliquer que ces crises étaient *« surprenantes*[2] *»*. En Allemagne, on appelle cela le « mode réactif » de la politique : la politique n'agit pas, elle réagit.

Ce qu'on pourrait appeler l'« incompétence d'anticipation » n'est donc pas un problème récent : le système politique semble incapable d'anticiper des problèmes. Angela Merkel l'avait expliqué elle-même quand elle disait qu'il fallait *« s'occuper des problèmes quand ils sont là »*. Helmut Schmidt, l'ancien chancelier, est connu pour avoir affirmé que si un homme politique a des *« visions »*, il vaut mieux qu'il consulte un ophtalmologiste. La culture politique allemande n'aime pas les visions, mais elle ne supporte plus non plus le « mode réactif ».

Trois modèles peuvent expliquer cet échec du système politique. La première théorie est la plus simple : ce sont les personnes qui manquent de courage, d'horizon intellectuel et surtout d'imagination. Le directeur de l'Institut de veille sanitaire Robert-Koch a expliqué qu'il n'aurait jamais pu imaginer une telle situation. Une telle déclaration est pour le moins étonnante, dans la mesure où c'est précisément dans cet institut national qu'il convient d'imaginer les pandémies

**2 - Les Allemands ironisent sur le fait que, pour la chancelière, Noël serait sans doute aussi un événement imprévu et « surprenant ».**

possibles afin de se préparer et d'y faire face efficacement.

La deuxième explication met l'accent sur la structure fédérale. Les trois niveaux (le gouvernement fédéral, les *Länder* et les communes) semblent se gêner les uns les autres. Bloquant toute prise de décision conjointe et rapide, le conflit qui a éclaté entre les *Länder* du Nord (peu touchés par la pandémie) et ceux du Sud (notamment la Bavière, fortement affectée) est symptomatique d'une telle impasse structurelle. Il est à ce titre significatif que le nouveau chancelier Olaf Scholz ait nommé, en décembre 2021, un général de l'armée de terre afin d'organiser les réponses à la pandémie.

Une troisième approche propose d'expliquer l'échec du politique par la complexité de la société. Selon le sociologue Niklas Luhmann, ce sont la vitesse, la complexité, l'interdépendance des différents systèmes sociaux qui rendent impossible, pour le système politique, d'agir d'une manière « souveraine ». Le politique, selon Luhmann, ne peut produire que l'*illusion* d'une politique cohérente et stratégique. De ce point de vue, il est normal que la sphère politique apparaisse constamment surprise. Une société mondialisée rend impossible une stratégie politique au sens fort. La compensation rétroactive, le bricolage, l'improvisation : voilà tout ce qu'on peut attendre du système politique, selon Luhmann.

Le scénario le plus probable est que ces trois aspects se renforcent mutuellement : des hommes et femmes politiques sans courage ni vision se trouvent dans un système fédéral avec trop d'acteurs qui ont un droit de veto pour gérer une société trop complexe et qui réagit d'une manière imprévisible. C'est un diagnostic inquiétant qui rend une réaction adéquate à la crise climatique *a fortiori* peu probable.

## Un État stratégique

Ami Ayalon, l'ancien chef du Service de sécurité intérieure israélien (Shin Beth), a proposé une formule critiquant la politique de sécurité de son pays : *"All tactics, no strategy*[3]*"*. Selon Ayalon, ce sont en effet les succès à court terme qui rendent une solution à long terme moins probable : on arrive à compenser le manque de stratégie par des succès tactiques. Il semble que la même chose s'est passée en Allemagne.

Il est cependant remarquable que la Cour constitutionnelle fédérale de Karlsruhe, dans deux décisions rendues en 2021, ait condamné le Parlement à agir d'une manière plus stratégique. L'État-providence

**3 - Voir le documentaire *The Gatekeepers* (2012), réalisé par Dror Moreh.**

se transforme ainsi en « État prévoyance ». Une première décision de la Cour constitutionnelle a condamné le Parlement allemand à prendre en compte les effets climatiques pour les générations futures et les citoyens qui vivent à l'autre bout du monde. Une seconde décision impose au gouvernement fédéral de décider directement des mesures adéquates contre la Covid-19. Le gouvernement ne peut plus ainsi se cacher derrière la complexité des « lois fondamentales », l'équivalent allemand de la Constitution.

**On arrive à compenser le manque de stratégie par des succès tactiques.**

C'est en réponse à ces deux décisions que le nouveau gouvernement allemand de Scholz a promis de reconstruire un État *« qui fonctionne »*. Mais comment établir une compétence d'anticipation en politique ? Cela requiert des institutions plus efficaces, mais avant tout une culture qui reconnaisse la valeur politique de l'imagination. Ainsi, pour garantir une résilience face au changement climatique, il faut d'abord s'imaginer les défis futurs. Il serait tragique que les politiques nous expliquent, à nouveau, que la catastrophe était « inimaginable ».

***Felix Heidenreich***
**Chargé de cours en théorie politique à l'université de Stuttgart, chercheur associé au CEVIPOF, il est notamment l'auteur, avec Didier Mineur et Daniel Schulz, de *Les Citoyens et leur État en France et en Allemagne* (Lit Verlag, 2015).**

# NAÎTRE À LA PAROLE

*Aïcha Liviana Messina*

Si l'on compare l'actuelle Assemblée constituante chilienne avec d'autres, on observe que certaines sont particulièrement bruyantes et dotées d'idées, tandis que celle qui a lieu en ce moment au Chili semble silencieuse, concentrée sur des problèmes formels, liés à la réglementation de la prise de parole.

Pensons à l'Assemblée nationale constituante française de 1848. C'est à ce moment-là qu'on entend le magnifique discours de Victor Hugo en faveur de l'abrogation de la peine de mort. Ce discours est hué ou acclamé par l'Assemblée. Au Chili, durant la Constituante en cours, dont le processus est entièrement public, le débat a jusqu'à présent moins porté sur des principes politiques que sur la façon dont on accède à la parole et sur ceux et celles qui peuvent être considérés comme sujets et objets d'une constitution. Alors que, d'un point de vue politique, ce qui a été le plus inattendu au Chili, ce sont les sièges réservés aux peuples indigènes dans l'Assemblée constituante, d'un point de vue formel, ce qui a fait principalement débat depuis le début du processus, ce sont des questions liées à la modalité de la prise de parole et à l'utilisation du langage en général : où se réunir ? Quel temps octroyer à la prise de parole ? Le mot « génocide » sera-t-il ou non employé pour aborder le massacre, récent, des peuples autochtones ? Qui parle quelle langue et dans quelle langue allons-nous nous adresser les uns aux autres ? Voici autant de questions qui ont été élaborées de façon interne ou sous forme de tribunes et de débats publiques. Ainsi, tandis que la Constituante de 1848 est flamboyante d'idées, au Chili, le processus aura été plutôt silencieux, réservé à des questions relevant du métalangage. Ce silence condamne-t-il à l'inertie des normes ? N'est-il que formel ? Quelle est la puissance politique de ce formalisme ?

Le problème du silence a été un thème central de l'actuelle Constituante. Avant même que des élections s'engagent pour en définir les membres, le débat public tournait principalement autour de la question de la page blanche. Allons-nous faire table rase de la Constitution antérieure, celle élaborée sous le régime de Pinochet, par Jaime Guzmán ? Ou allons-nous au contraire reconnaître cet héritage et, de façon plus générale, les principes qui guident actuellement la société ? Il s'agit de déterminer si, avec ce processus constitutionnel, il en va d'une refondation ou d'une transformation, d'un nouveau commencement ou plutôt d'une composition avec le passé – un passé douloureux, qui concerne la dictature et la façon dont elle a déterminé les structures sociales.

L'élaboration du règlement, qui a pris presque un an, a été une façon de déjouer cette alternative. En effet, se demander si l'on est ou non devant une page blanche revient à demander *de quoi*, de quels nouveaux principes, de quelle idée directrice il en ira dans cette nouvelle constitution. Or le règlement se préoccupe d'ouvrir le champ à de nouveaux acteurs politiques. Il est centré sur *« le mécanisme, les instruments et les méthodologies de participation et d'éducation populaire constituante »*. C'est la question *qui ?*, et non la question *quoi ?*, qui est privilégiée dans ce processus[1]. L'objectif du

**1 - Voir Aïcha Liviana Messina, « Un peuple d'écrivains » [en ligne], *Esprit*, mars 2021.**

règlement consiste ainsi à définir des modes de participation au processus constitutionnel permettant d'inclure des sujets qui, jusqu'alors, ne jouissaient pas d'une reconnaissance politique. En plus des sièges réservés aux peuples indigènes, il est par exemple question d'ouvrir la Constituante aux enfants et adolescents, aux détenus, aux habitants et travailleurs des zones rurales et aux migrants. Le caractère formel de ce processus a donc bien un enjeu politique : il s'agit d'établir des principes communs à partir de ce qui jusque-là se tenait au bord du politique, voire du juridique.

Cette situation singulière, dans laquelle un règlement ne présuppose pas ses sujets mais leur donne droit de cité et les interpelle, signifie-t-elle que les principes de cette nouvelle constitution seront un mélange d'intérêts aussi divers que ceux des enfants et adolescents, des peuples indigènes (qui ne sont certainement pas homogènes) aussi bien que des individus dont les formes de vie et les modes de représentation politique sont issus de la colonisation ? On peut rapporter cette question à un débat qui, curieusement, n'a pas encore eu de retentissement public concernant l'idée rectrice de la constitution. Alors que, dans l'actuelle Constitution, le Chili est défini comme une République démocratique, il est désormais question de considérer le Chili comme une *« démocratie plurinationale »*. Ces deux formes ne sont pas nécessairement opposées. Toutefois, l'idée de démocratie plurinationale reste floue. En l'absence de « chose commune » *(res publica)*, d'institutions où le commun s'incarne, ne risque-t-on pas d'être confronté à une tyrannie du pluralisme, et de se retrouver enfermé dans des mondes privés au lieu de favoriser la reconnaissance et la rencontre ?

**Cette diversité d'acteurs articule la question de la reconnaissance à celle de la naissance.**

Face à cet écueil, on peut toutefois penser que cette diversité d'acteurs articule la question de la reconnaissance à celle de la naissance. En effet, le problème n'est pas que les peuples indigènes, les enfants, les détenus ou les migrants ne soient pas reconnus, mais qu'ils n'aient pas de statut, c'est-à-dire pas de façon d'être sujets. En ce sens, ils ne sont pas enfermés dans une identité ; ils ont à naître comme sujet politique. C'est d'ailleurs cette absence de statut, de condition de sujet, qui enferme dans une pseudo-identité. À cet égard, on peut penser à l'intervention d'un représentant selk'nam de l'Assemblée constituante, José Luis Vásquez Chogue. Alors qu'il expliquait à l'Assemblée que ses grands-parents avaient été les seuls survivants d'un massacre et qu'à l'école, il avait toujours entendu dire que les Selk'nam n'existaient plus (ce qui revenait à nier sa propre existence), il a dû interrompre son discours sous le coup de l'émotion et une femme assise à ses côtés a pris sa main dans la sienne en marque de soutien. Il a alors raconté qu'il est difficile d'expliquer à l'Assemblée *qui* il est, tant que l'État chilien ne le reconnaît pas. Or, si ce « qui » a créé une telle émotion, c'est bien parce qu'il est tout entier à naître. En réalité, cette interruption de la parole lors d'un discours politique a été un processus – douloureux – de naissance, individuel et politique à la fois.

Revenons à la parole de Victor Hugo lors de la Constituante de 1848. Celle-là, certainement forte d'une reconnaissance, circule dans une Assemblée composée uniquement d'hommes. Dans ce contexte, on peut entendre l'idée grandiose de Victor Hugo, qui consiste à dire que la peine de mort ne peut être autorisée que par Dieu, alors que nous sommes seulement des hommes, mais on ne peut entendre la fragilité de l'être humain, seul argument qui conduira finalement à l'abrogation de la peine de mort, deux siècles plus tard. Dans une Assemblée composée uniquement d'hommes, aucune faille n'est audible. En revanche, le contexte mixte, hétérogène, de la Constituante chilienne, crée des vides, des brèches, qui rendent possible certaines ruptures. Sans rien garantir, elles pourraient fournir l'occasion pour que l'extrême formalisme du processus nous rapporte au langage et, ainsi, à ce qui nous constitue comme sujets politiques d'une autre façon. Paradoxalement, plutôt que de figer les individus dans une forme, ce règlement produit des failles dans les sujets. Loin d'être un projet refondateur ou en rapport de simple continuité avec le passé, la Constituante chilienne pourrait nous conduire à devenir autres devant une histoire qu'il faut lire et écrire à nouveaux frais[2].

---

***Aïcha Liviana Messina***

**Professeure de philosophie à l'université Diego Portales (Santiago, Chili), elle est notamment l'autrice de *L'Anarchie de la paix. Levinas et la philosophie politique* (CNRS Éditions, 2018).**

2 - Ce texte a été écrit avec le soutien des projets Fondecyt 1190199 et 1210921, financés par le gouvernement chilien.

# ASSIMILATION ET DISSIMU-LATION

***Bernard Vorms***

C'est une pratique habituelle mais plutôt vaine que d'attaquer un adversaire politique en lui accolant un qualificatif supposé infamant, alors même que celui-ci représente son principal attrait aux yeux de ceux qui constituent sa clientèle. Quel intérêt de traiter Éric Zemmour de raciste, voire de demander aux tribunaux de le condamner pour ses propos sur les immigrés ou les musulmans ? C'est tout à la fois relayer son discours et lui tendre la perche pour une réponse toute trouvée : nulle hostilité systématique de sa part à l'égard des personnes, il se dit prêt à les accueillir fraternellement pour autant que celles-ci acceptent de s'assimiler. En somme, il leur suffirait de suivre le parcours qui fut celui des Juifs français après la Révolution. Zemmour fait même référence au discours du député Clermont-Tonnerre du 23 décembre 1789 à l'Assemblée nationale : *« Il faut tout refuser aux Juifs comme nation, et accorder tout aux Juifs comme individus. »*

C'est ainsi que ces derniers, ne conservant de leurs oripeaux juifs que la préférence religieuse, sont devenus « israélites ». Et, bien que cette préférence ait disparu pour ceux de leurs enfants qui, comme nombre de leurs concitoyens au cours du XXe siècle, se sont éloignés de la religion, ils n'ont pas cessé d'être qualifiés d'israélites. L'israélite est devenu au Juif ce que le non-voyant est à l'aveugle. Non contents de tous adopter des prénoms français, ce que Zemmour voudrait exiger des musulmans, beaucoup allaient jusqu'à changer leur nom. À la fin d'*À la recherche du temps perdu*, Albert Bloch, qui incarne un peu les ridicules de l'israélite français, se mue en Jacques du Rozier. Après la guerre, le Code civil inscrit expressément cette possibilité dans son article 61 : *« Toute personne qui justifie d'un intérêt légitime peut demander à changer de nom. »* C'est ainsi que Marcel Bloch devint Bloch-Dassault puis Dassault tout court, ce qui n'empêcha pas ceux qui ne l'aimaient pas de continuer à l'appeler Bloch-Dassault.

**Dans le discours antisémite, l'assimilation des Juifs n'est que de la dissimulation.**

Heureusement, il reste des gens vigilants. *Le Dictionnaire*, devenu *L'Encyclopédie des changements de noms* fait l'objet d'éditions régulièrement mises à jour – la dernière date de 2014 – par les héritiers spirituels directs d'Édouard Drumont : d'abord Henry Coston, puis Emmanuel Ratier. J'ignore si, depuis la mort de ce dernier, quelqu'un a repris le flambeau. Reste que cet exemple n'est pas vraiment de nature à inciter les musulmans français à changer de prénom. En effet, loin d'être une vertu, dans le discours antisémite, l'assimilation des Juifs n'est que de la dissimulation, un camouflage qui leur permet de s'emparer plus discrètement des leviers de commande de la société.

Assimilation et mobilité sociale vont d'un même pas, et lorsque le quotidien *Présent* appelle Robert Badinter le *« fils du fourreur »*, ce qu'il lui reproche, c'est de ne pas l'être resté. Ce n'est d'ailleurs pas spécifiquement français. En effet, dans *L'Homme sans qualités* de Robert Musil, le comte Leinsdorf soutient que cet effort de mimétisme est à l'origine des tourments des Juifs : *« Ce qu'on appelle la question juive s'effacerait définitivement si seulement les Juifs se décidaient à parler hébreu, à reprendre leurs anciens patronymes et leur costume oriental*[1]. *»* On observera que la mue des israélites n'avait pas dû faire disparaître chez eux tout sentiment de solidarité communautaire, puisque c'est un Juif tout à fait assimilé, Adolphe Crémieux, qui a porté le texte conférant la nationalité française aux Juifs d'Algérie et donc aux ancêtres d'Éric Zemmour.

Il ne s'agit nullement de présenter l'assimilation des Juifs français comme un jeu de dupe. Leur choix sincère du libéralisme et de la modernité, dans leur forme française, puis de la République, répondait à celui de nombre de leurs contemporains. Il emportait pour eux des conséquences beaucoup plus profondes que pour les chrétiens qui accédaient à la citoyenneté. En revanche, l'assimilation, loin de constituer un rempart contre la judéophobie, a fait évoluer cette dernière du mépris de tous vers la haine active de certains. C'est quand les Juifs se sont fondus dans la société, comme des citoyens ordinaires, quand la mobilité sociale les a fait s'écarter de leurs occupations traditionnelles et quand ils se sont approchés de la sphère politique que l'antisémitisme est devenu un mouvement politique important[2]. C'est d'abord contre les Juifs assimilés (*« rois de l'époque »*, selon Alphonse Toussenel) que Drumont entreprend sa croisade. On peut juger l'assimilation très souhaitable, voire la préférer à l'intégration, laquelle s'inscrit moins dans la tradition française, encore que le débat soit assez rhétorique, mais en aucune façon dans

1 - Robert Musil, *L'Homme sans qualités* [1932], trad. par Philippe Jaccottet, Jean-Pierre Cometti et Marianne Rocher-Jacquin, Paris, Seuil, 2011.

2 - Voir Pierre Birnbaum, *Un mythe politique : la « République juive ». De Léon Blum à Pierre Mendès France*, Paris, Fayard, 1988.

le but de désarmer l'hostilité de ceux qui ne vous veulent pas de bien.

Les mouvements radicaux, de gauche comme de droite, ont toujours besoin de quelqu'un à haïr pour se fédérer. Mais aujourd'hui, la nouveauté, c'est que les Juifs ont cédé leur place éminente dans la hiérarchie de la détestation d'une large partie de l'extrême droite et que celle-ci s'est donnée un Juif comme héraut. Et c'est l'identité de Zemmour qui lui permet d'adopter des postures que même ses groupies, comme Philippe de Villiers ou Christine Boutin, ne pourraient afficher. Blanchir Vichy, jeter le doute sur l'innocence de Dreyfus…, comme l'a dit Jean-Marie Le Pen, seul Zemmour, parce qu'il est juif, peut se le permettre.

Alors que les mouvements dits antisionistes y voient la confirmation du racisme juif, certains Juifs font état de leur trouble. Inquiétude diffuse, mais qui me semble plus révélatrice que les indignations devant les spectacles de Dieudonné. Ce n'est pas tant une question de valeur que la crainte inexprimée des conséquences néfastes que pourrait avoir ce type de comportement dans l'espace public de la part d'un Juif aussi peu dissimulable, en particulier à une époque où la différence rassurante entre méchants à l'extrême droite et gentils à gauche s'estompe.

La posture de Zemmour n'est pourtant pas aussi originale qu'il y paraît et, à chaque époque, des individus ont joué ce type de rôle à contre-emploi. Pour n'en prendre que deux : Arthur Meyer dirigeait *Le Gaulois*, journal antidreyfusard, et Edmond Bloch marchait avec les ligues d'extrême droite dans les années 1930, sans que cela suffise, ni pour l'un ni pour l'autre, à les mettre à l'abri du mépris des antisémites[3]. À l'âge où certains sont rattrapés par leur judéité, comme Swann, l'autre type de Juif de *La Recherche*, les Juifs qui avaient tenté de se faire admettre dans des rangs qui leur étaient hostiles finissaient souvent par se convertir. Mais aujourd'hui, dans une France largement sécularisée, cette possibilité n'aurait pas une grande résonance publique.

Après son déplacement en Arménie, destiné à illustrer *« le grand affrontement entre la chrétienté et l'islam »*, Zemmour réussira-t-il à trouver une démarche encore plus démonstratrice avant l'élection présidentielle ? Reste que l'on peut craindre, s'il n'obtient pas les signatures nécessaires pour participer à l'élection, que son aura, déjà attestée par les intentions de vote, n'en sorte grandie par sa mise à l'écart de la compétition par les règles « biaisées » du « système ». Il retrouverait alors

**3 - Voir Pierre Birnbaum, *« La France aux Français ». Histoire des haines nationalistes*, Paris, Seuil, 2006.**

son rôle de polémiste et léguerait aux acteurs traditionnels de la droite dure un paysage libéré des digues morales que seules des franges extrêmes osaient franchir. Ces acteurs traditionnels feront ressortir ce qu'aura pu avoir d'incongru et, pour tout dire, de grotesque, le personnage d'Éric Zemmour en héraut du machisme et du catholicisme traditionaliste.

---

***Bernard Vorms***
**Économiste spécialisé dans le domaine du logement, il est notamment l'auteur de *Pas gentil* (L'Olivier, 2021).**

# POUR UNE TROISIÈME GAUCHE

***Dominique Potier***

La gauche a longtemps été dans notre imaginaire cette *« petite sœur espérance »* dont Péguy disait qu'elle aimait ce qui n'est pas encore et que sur la route interminable, elle seule nous porterait pour traverser les mondes révolus. Son effacement durable de notre paysage politique serait d'abord une mauvaise nouvelle pour la démocratie. C'est, en effet, la clarté du débat politique qui, telles les rives du fleuve, lui donne sa force. Les limites géographiques de celles-ci peuvent évoluer, des eaux profondes relier des courants de pensée au-delà des lignes partisanes, des passerelles se tendre ici et là, mais lorsque les rives s'effondrent, nous prenons le risque de faire du fleuve un marécage.

Un trop long effacement serait également une mauvaise nouvelle pour notre société et pour la planète : il nous priverait de la longue expérience des régulations qui, nées de la tradition sociale-démocrate, ont contribué à donner un sens humain aux mutations contemporaines. Celle, sociale, de la fin de la paysannerie et de la condition ouvrière à l'aube du XX^e^ siècle et celle, après-guerre, de l'État-nation dans le triple mouvement de la construction européenne, de la décolonisation et de la décentralisation.

Si nous mesurons aujourd'hui la grande fatigue d'une démocratie que le choc de la pandémie n'a pas permis de ranimer, nous pouvons aussi discerner les signes de renaissances culturelles. Notre horizon est bouleversé par la conscience vive de la fragilité de notre humanité, dans ses dimensions à la fois biologique et éthique. Réparer le lien indéfectible entre notre maison commune et la dignité humaine est devenu notre tâche politique la plus urgente.

Cette visée politique, affranchie du mythe prométhéen, pourra s'enraciner dans une nouvelle intelligence de notre finitude et de notre interdépendance sociale et écologique : « tout est lié ». Elle s'exprime notamment à travers l'intérêt intellectuel et pratique suscité par le concept de *one health*, (« une seule santé ») apparu dans les années 2000, qui défend une approche intégrée de la santé humaine et environnementale. À la croisée de la science et du politique, « une seule santé » apparaît comme une façon de nous insérer dans un récit commun, une terre promise.

## Un double héritage

C'est dans cet esprit du temps présent que je veux esquisser la proposition d'une troisième gauche comme cadre et creuset d'une refondation idéologique, une façon de contribuer, à bonne distance, au débat politique actuel. Cet essai s'inscrit naturellement dans le continuum historique de la deuxième gauche et de sa « jointure » avec la première telle qu'elle marqua notre vie publique. Il ne me revient pas ici de faire l'inventaire des promesses et des limites de ces deux cultures, juste de souligner quelques traits utiles pour demain.

La deuxième gauche fut d'abord une foi dans la capacité transformatrice de la société civile dans tous ses compartiments : entreprises, associations, territoires… Animée par ce concept de « capabilité » que j'emprunte à Amartya Sen, elle participa d'un mouvement d'émancipation générale vis-à-vis de la norme, doublé d'un souci d'agilité et d'efficience en vue du bien commun. Nul ne conteste que cet affranchissement des lignes traditionnelles de l'action publique a profondément régénéré l'action politique. Cependant, une partie de la deuxième gauche s'est abîmée devant la montée de l'individualisme et d'une mondialisation « sans foi ni loi ». La confusion entre les valeurs d'autonomie et la conquête infinie des droits individuels fut oublieuse tant des limites d'une planète aux ressources finies que d'une société orpheline de lien et de sens. La vertu du réalisme économique et budgétaire s'est travestie, par un mélange de paresse intellectuelle et de cynisme, en une vision dogmatique de l'adaptation à la mondialisation. Ce constat ne tend pas à idéaliser une première gauche marquée par sa verticalité et la mise en scène aussi radicale que trop souvent vaine du rapport de force entre l'État et le marché. Nous savons d'expérience les limites des vieux instruments publics pour gouverner les ressorts d'une modernité caractérisée à la fois par une dynamique de réseaux et d'hyperpuissances privées qui n'obéissent plus aux cadres administratifs traditionnels ni aux frontières nationales.

**Nous pressentons la double urgence d'une puissance publique authentiquement régulatrice et d'une conversion de la pratique de l'ensemble des acteurs sociaux.**

Héritiers de ces deux traditions et à l'aube d'une décennie critique, nous pressentons la double urgence d'une puissance publique authentiquement régulatrice et d'une conversion de la pratique de l'ensemble des acteurs sociaux, dans la multitude des champs et des échelles de transformations attendues. Une régulation qui institue les voies d'un partage des ressources à la hauteur du péril climatique et, au sein de la société civile, une conversion inédite qui ne se limite pas à ce qui, dans le « colibrisme » ou l'idéologie des petits pas, s'apparenterait à la poursuite de la fiction libérale. Une troisième gauche donc. Une grammaire et un récit qui nous sortent par le haut des controverses stériles et périlleuses opposant État de droit et souveraineté populaire, nation et universalisme, droits humains et justice sociale. Une troisième gauche qui en quelque sorte réconcilie les deux premières en les prolongeant. Une troisième gauche enfin qui, par ses paroles et ses actes, soit de nature à lever la défiance populaire et celle de la jeunesse à l'égard d'institutions politiques dont la vocation est de porter leur espérance.

## Trois principes pour baliser le chemin

Une nouvelle gauche pourrait être porteuse de trois principes dans le débat républicain, afin de baliser le chemin étroit qui va de la tragédie annoncée à ce qui peut devenir une épopée collective autour de transitions devenues essentielles.

Le premier est celui d'une *« souveraineté solidaire*[1] *»* que nous pouvons opposer à la fois aux impasses d'une souveraineté solitaire, et à une mondialisation sans âme et sans peuple. La perspective est celle de la libre délibération d'une communauté politique, comptable des conséquences de ses choix tant au bout de la rue qu'au bout du monde. Nous trouvons l'écho de cette aspiration à agir – non pas sans frontières, mais au-delà de celles-ci – dans le dessein européen de renouveau du multilatéralisme. En témoignent la recherche actuelle de mécanismes de lutte contre le scandale de l'évasion fiscale, l'inclusion du principe de réciprocité dans des échanges commerciaux plus équitables ou

1 - Ce concept a été proposé par la juriste Mireille Delmas-Marty. Voir notamment M. Delmas-Marty, « Profitons de la pandémie pour faire la paix avec la Terre », *Le Monde*, 17 mars 2020.

encore d'innovations législatives telles que le devoir de vigilance des multinationales pour prévenir et réparer les atteintes graves aux droits humains et à l'environnement dans les chaînes de production mondialisées.

Le deuxième principe est celui d'une individuation qui rompe avec l'individualisme comme idéologie culturellement dominante. C'est dans l'accomplissement de sa vocation citoyenne que chaque personne est appelée à consolider l'État de droit qui, tel un ruban de Möbius, garantit en retour sa liberté et son caractère *« irremplaçable*[2] *»*. L'engagement, fait d'un alliage subtil de droits et devoirs, est ainsi constitutif d'une société civique. Une telle société suppose un apprentissage inclusif et universel de la fraternité, des espaces et des temps démarchandisés. Elle suppose également de faire de la prévention des inégalités de toute nature la mission première de l'État-providence, un cadre de justice sociale et territoriale conçu comme un investissement dans une citoyenneté qui en devienne le creuset.

Le troisième principe est plus transversal. *« La fin justifie les moyens… j'ai l'expérience du contraire : la façon dont on poursuit ses propres idéaux, son style de vie, décide si la fin mérite d'être réalisée*[3]. *»* Cette pensée d'Erri de Luca est d'abord un appel à une attitude éthique dans l'exercice du pouvoir. Elle est aussi une invitation à privilégier les processus inscrits dans le temps aux victoires éphémères qui nourrissent la désillusion, à explorer les processus qui articulent l'action publique de l'État et la mise en mouvement en profondeur de la société civile. Il en est ainsi du besoin criant de planification, d'une métrique des transitions et d'un aménagement du territoire qui permette aux collectivités territoriales d'exprimer pleinement leur capacité d'innovation. Autre exemple, les travaux récents sur l'entreprise comme acteur politique, qui soulignent ainsi un double enjeu de démocratie : en son sein, par la codétermination avec des salariés reconnus comme partie constituante, mais également avec la société, en donnant aux citoyens les moyens de peser sur l'économie, grâce à une comptabilité, des indicateurs et une certification intégrant des normes sociales et écologiques communes. Dans cette question des moyens et des fins, le langage, trop longtemps angle mort du débat politique, devient ici un champ de recherche et d'action essentiel pour une vie démocratique

2 - Cynthia Fleury, *Les Irremplaçables*, Paris, Gallimard, 2015.

3 - *Qu'est-ce que la gauche ? Plus de trente personnalités répondent*, Paris, Fayard, 2017.

éclairée et affranchie des servitudes de la communication.

*« Soi-même comme un autre*[4] *»* est le fil commun de ces trois balises qui tracent la voie d'un humanisme à l'heure de l'anthropocène, et redonne toute sa place à la fraternité dans le triptyque républicain. Dans la quête de cette troisième gauche, nous devrons, avec la même passion, renouer le lien abîmé entre science et démocratie d'une part, mais aussi entre sens et démocratie, qui est au cœur de la laïcité. Cette dimension spirituelle qui nous libère du matérialisme est à la source même de la révolte contre l'injustice. Elle seule nous donnera la force d'investir d'autres dimensions de l'existence, et l'ouverture à *« d'autres vies que la mienne »*, la force en somme de vivre, sans violence, la révolution du partage, et de quitter la vieille croissance pour une nouvelle prospérité.

À la question de la visée éthique, Paul Ricœur apporte une réponse qui éclaire magistralement cette esquisse d'une troisième gauche : *« Une vie bonne avec et pour les autres, dans des institutions justes. »* Nous pouvons lire cette définition, non de façon linéaire mais circulaire. Une institution juste – l'essence même du politique – se juge à l'aune de la façon dont elle aura permis à chacun d'accéder dans une égale dignité à l'estime de soi, avec et pour les autres. Et par là même, d'être en capacité de générer des institutions justes, dont nous faisons l'expérience qu'elles sont notre assurance-vie.

4 - Paul Ricœur, *Soi-même comme un autre*, Paris, Seuil, 1990.

---

***Dominique Potier***

**Député socialiste de la 5e circonscription de Meurthe et Moselle, président d'Esprit civique, il est notamment l'auteur, avec Pierre Blanc et Benoît Grimonprez, de *La Terre en commun. Plaidoyer pour une justice foncière* (Fondation Jean Jaurès, 2019).**

# Retrouver la souveraineté ?

# Retrouver la souveraineté ?

## Introduction

***Jean-Yves Pranchère***

Le motif de ce dossier tient d'abord à l'approche d'une élection présidentielle qui engloutit dans son ombre les élections législatives qui doivent la suivre. L'engloutissement est tel que les leaders de la gauche française qui, depuis cinq ans, auraient dû avoir la préparation des législatives comme principal sujet de préoccupation (et de négociations), donnent l'image d'un groupe de poissons qui auraient été attirés sur la terre sèche par l'éclat d'une brillante médaille (présidentielle) et qui, rivés à la croyance que rien d'autre n'importe que de posséder ce talisman pourtant hors de leur portée, se débattraient dans leur asphyxie. Tout se passe comme si la composition de l'assemblée des représentants du peuple, chargés de l'exercice de la puissance législatrice (qui est traditionnellement le cœur de la puissance souveraine), n'était qu'une annexe secondaire de la désignation du chef de l'État, qui serait au fond le Souverain en personne. Il est vrai que le président de la République est lui aussi dépositaire de certains attributs de la puissance souveraine (par exemple, les droits de recourir au référendum législatif, de dissoudre l'Assemblée nationale, de décider de l'emploi de la force nucléaire). Si l'on accepte la célèbre définition de la souveraineté proposée par Carl Schmitt – *« Est souverain celui qui décide de l'état d'exception*[1] *»* –, il n'est pas absurde de dire que l'article 16 de la Constitution le désigne comme étant, en dernière instance, le véritable souverain.

Il est inévitable que la souveraineté, au sens où elle renvoie à la désignation des dépositaires de pouvoirs de décision ultime, reste un enjeu

**1 - Sur les difficultés de traduction de cette phrase qui ouvre sa *Théologie politique* de 1922, voir les explications de Jean-Louis Schlegel dans son édition : Carl Schmitt, *Théologie politique*, trad. par J.-L. Schlegel, Paris, Gallimard, 1988, p. 15.**

politique. La revue *Esprit* s'y est déjà confrontée sous les registres de la souveraineté monétaire, des procédures de contrôle constitutionnel ou de l'implication de la souveraineté nationale dans la « co-souveraineté » européenne[2]. Les problèmes posés alors restent entiers, mais ils se trouvent aujourd'hui transposés dans le débat public en des termes qui induisent toutes sortes de distorsions et de déplacements du concept de souveraineté. Les politiques français revendiquent tous ce terme – que ce soit au titre de la *« souveraineté européenne »* souhaitée par Emmanuel Macron et Yannick Jadot, de la *« souveraineté populaire »* brandie par Jean-Luc Mélenchon ou de la *« souveraineté nationale »* revendiquée par l'ensemble des droites et des extrêmes droites[3] –, de sorte que nous assistons à une véritable inflation d'usages qui induit une dévaluation du sens du mot. « Souveraineté » en vient à désigner, de manière vague et emphatique, le « pouvoir de décider », la « maîtrise de son propre destin » (expression dont nous ne sentons pas assez l'étrangeté, puisque le destin est par définition ce qui ne nous laisse pas d'autre choix que de l'assumer ou de le subir, mais non de le « maîtriser »), l'« indépendance » alimentaire, énergétique, sanitaire, industrielle, numérique et ainsi de suite.

Sont ainsi confondues sous un même mot des questions très différentes : celle de l'étendue des compétences des différentes instances politiques et celle des moyens effectifs de la puissance publique, en particulier en matière économique ; celle de la pertinence du contenu des traités signés et celle de l'obligation de les respecter sous le contrôle de cours judiciaires ; celle des mesures exceptionnelles permises en situation d'urgence et celle de la démocratisation d'institutions de gouvernance soustraites au pouvoir des électeurs. La confusion est telle que, encouragés par une décision aberrante du Tribunal constitutionnel polonais (qui a décidé de récuser après coup des articles du traité de l'Union, pourtant signé en connaissance de cause par la Pologne)[4], certains en viennent à entendre par « souveraineté » le pouvoir de ne pas respecter ses engagements et de désobéir aux traités qu'on a signés sans pour

2 - Voir les numéros de juillet 2001 : « Monnaie, souveraineté et lien social », et de janvier 2002 : « Les horizons de la souveraineté ».

3 - Pour un florilège des emplois du terme, voir Béatrice Bouniol, « "Souveraineté" : présidentielle 2022, les mots de la campagne », *La Croix*, 22 octobre 2021.

4 - Sur le caractère aberrant de cette décision et sur le contexte scandaleux qui l'a rendue possible, voir Francesco Martucci, « La Pologne et le respect de l'État de droit : quelques réflexions suscitées par la décision K 3/21 du Tribunal constitutionnel polonais » [en ligne], *Le Club des juristes*, 15 octobre 2021.

autant s'en retirer – autrement dit, une sorte de droit de mentir et de trahir en toute désinvolture[5]. Sous le nom trompeur de « souverainisme juridique » se répand ainsi non seulement l'idée que les États membres de l'Union européenne ne seraient pas tenus par le droit de l'Union, mais que le pouvoir souverain ne serait pas tenu par ses propres engagements et ses propres lois. Ce qui est affirmé ainsi n'est ni le « droit du peuple » face à la « technocratie bruxelloise », ni la défense de l'État de droit social contre le fondamentalisme du marché ; c'est bien plutôt l'irresponsabilité politique. La cible de l'attaque est en fait le principe d'un contrôle constitutionnel des décisions du législateur, la protection des droits des individus par la séparation des pouvoirs législatifs, exécutifs (ou plutôt gouvernementaux) et judiciaires, autrement dit l'État de droit lui-même et la garantie de l'égalité des droits humains, civils et politiques qui sont le cœur de la démocratie.

Il ne s'agit pas ici d'analyser les discours des candidats à la présidentielle ni les programmes qui les accompagnent, mais de faire face aux paradoxes que portent les usages aveugles de la notion de souveraineté, qui confondent les gains de souveraineté (liés aux retraits de certaines alliances) avec les gains de puissance (qui peuvent au contraire être solidaires d'alliances et de partages de souveraineté) et les gains de démocratie (qui tiennent, non à l'affirmation nationale, mais aux modalités égalitaires et inclusives de la délibération collective). Ces usages aveugles concernent assurément des enjeux décisifs, mais ils les recouvrent, au double sens de l'expression : ils les dissimulent tout en les ayant pour contenus objectifs. Les causes de cette situation sont profondes : la confusion qui règne tient aux paradoxes qui n'ont cessé de grever la notion de souveraineté à travers la longue histoire de ses métamorphoses. Mais cette confusion empêche que les « problèmes de souveraineté » soient posés adéquatement, dans la différenciation de leurs échelles et de leurs domaines, et non sous la forme mythique et inopérante de « la souveraineté », au singulier, et dont le détenteur serait une entité énigmatique,

**Les usages aveugles de la notion de souveraineté confondent les gains de souveraineté avec les gains de puissance et les gains de démocratie.**

5 - C'est la position (proprement *incivique*) qu'a défendue par exemple Henri Guaino sur Arte dans l'émission *28 minutes* du 18 janvier 2022.

amalgamant des titulaires qui ne peuvent pas coïncider – à la fois nation unitaire et multiplicité des individus se voulant libres, peuple soumis à ceux auxquels sont délégués les pouvoirs et État encadrant la société.

Les difficultés de la souveraineté se situent à l'intersection de deux processus historiques, enchevêtrés mais distincts, qu'on peut faire remonter aux débuts des Temps modernes. Le premier processus, dont les États-nations, avec leurs empires coloniaux, ont été historiquement un pivot essentiel, fut celui de la constitution d'un marché mondial. Depuis la fin des années 1970, ce processus a pris la forme supérieure d'une mondialisation du marché (fusion des marchés nationaux et régionaux en un marché global, extension de la sphère marchande à l'ensemble des sphères sociales, financiarisation conséquente de l'économie)[6]. Le second processus est celui de la translation de l'idée de souveraineté depuis une théologie politique de la monarchie absolue (dont Carl Schmitt fut, au XXe siècle, l'héritier) jusqu'à une conception laïque de la démocratie. La question de savoir dans quelle mesure cette translation peut se déprendre des coordonnées de son origine est restée lancinante : l'idée de *« volonté générale »* ne double-t-elle pas le corps mortel du peuple d'un corps éternel, sur le modèle des *« deux corps du roi »* ? N'implique-t-elle pas que la démocratie se définisse comme la monarchie de la volonté générale ? De même que les États-nations restent les acteurs essentiels de la mondialisation qui les menace d'impuissance, l'idée monarchique de la souveraineté ne cesse de hanter les régimes démocratiques. C'est pourquoi le caractère « métaphysique » de la notion de souveraineté a été dénoncé par nombre d'auteurs, aussi bien socialistes que libéraux. Michel Foucault a pu écrire que le maintien de l'idée de souveraineté montrait qu'*« on n'a toujours pas coupé la tête du roi*[7] *»*.

Au confluent de ces deux processus surgit le désormais célèbre « trilemme de Rodrik ». Énoncé dès 2007 par l'économiste Dani Rodrik, il pose qu'il est impossible de disposer simultanément de *« l'hyperglobalisation »*, de la souveraineté nationale et de la démocratie : il faut sacrifier un des termes du trilemme aux deux autres. Si nous voulons

6 - Ce « devenir-monde » du marché est plus qu'un marché mondial, mais il n'est ni une *mondialisation du monde* ni une *cosmo-politique*, puisqu'il ne construit pas un *monde commun* digne de ce nom. C'est pourquoi Étienne Tassin demandait qu'on lui réserve le terme de « globalisation » et qu'on lui refuse celui de « mondialisation ». Voir É. Tassin, « La mondialisation contre la globalisation : un point de vue cosmopolitique », *Sociologie et sociétés*, vol. 44, nº 1, printemps 2012, p. 143-166.

7 - Michel Foucault, *Histoire de la sexualité*, t. I. *La Volonté de savoir*, Paris, Gallimard, 1976, p. 117.

poursuivre l'unification du marché global, nous devons ou bien sacrifier la démocratie à la souveraineté nationale (ce qu'illustreraient les autoritarismes contemporains), ou bien dépasser les États-nations dans une démocratie transnationale[8]. Si nous voulons disposer de la démocratie et de la souveraineté nationale, alors nous devons fortement tempérer et réguler la globalisation, comme ce fut le cas durant l'époque des accords de Bretton Woods. Il ne faut assurément pas idéaliser une époque dont nous oublions trop vite qu'elle reposait, d'une part, sur la guerre froide et la mise sous tutelle totalitaire d'une partie du monde, d'autre part, sur l'existence continuée des empires coloniaux des pays d'Europe de l'Ouest (dont l'héritage continue à nourrir en France une étrange indifférence générale à la situation des départements et des territoires d'outre-mer, ainsi qu'une absence de discussion sur le traitement par la France de la souveraineté de certains pays africains). Mais il reste que le « trilemme de Rodrik », qui a l'immense mérite de ne pas identifier souveraineté nationale et démocratie, pointe le cœur de nos difficultés présentes.

Le dossier qui suit s'ouvre sur un article écrit par Dani Rodrik peu avant la pandémie, traçant des perspectives concrètes pour rééquilibrer une mondialisation qui s'est faite au service des intérêts du capital, et rétablir les droits du travail, de la démocratie et de l'écologie. David Djaïz rebondit sur les analyses de Rodrik pour montrer comment le rétablissement d'une puissance publique capable de *« réencastrer l'économie dans le social et dans le système-Terre »* appelle une souveraineté plurielle et hybridée, qui maintient le niveau national tout en le compliquant d'un niveau local et d'un niveau européen. Cette pluralité de la souveraineté, qui est en fait inscrite dans les apories du concept où s'empêtre le souverainisme, fait l'objet de la puissante élaboration proposée par Céline Spector : il s'agit d'opposer au modèle rousseauiste de la volonté générale le modèle, théorisé par les fédéralistes étatsuniens, d'une distribution de la souveraineté du peuple sur différentes instances et différentes échelles. Alors devient pensable le processus de « dés-absolutisation » de la souveraineté, dont l'histoire est analysée par Jean-Claude Monod – processus toujours

**8 - La première formulation se trouve dans "The inescapable trilemma of the world economy" [en ligne], *Dani Rodrick's weblog*, 27 juin 2007. Rodrik a d'abord vu dans l'Union européenne une préfiguration de cette possibilité. Toutefois, dans une note de son blog du 13 juin 2016 sur le Brexit, il conclut de la crise grecque que l'Union européenne est incapable de se démocratiser. Depuis, la pandémie a quelque peu changé la donne.**

fragile et conflictuel, comme en témoignent les tensions contemporaines du fédéralisme étatsunien restituées par Michael C. Behrent. Si ce processus est toujours ambigu, c'est qu'il se déroule, comme le rappellent les analyses de Manuel Lafont Rapnouil, dans la dimension des relations internationales, où l'État souverain est irréductible en tant qu'il est un *sujet* du droit international.

Défaire les confusions ne signifie pas éliminer les paradoxes, mais les reconnaître dans leurs nécessités et leurs contingences. Le terrain international impose une réponse simple à la définition du « souverain » : le titulaire de la souveraineté, c'est l'État en tant que partie prenante d'un ordre international. Mais cela ne règle pas la question de savoir comment cet État légitime sa souveraineté devant sa population : par la souveraineté d'une nation imaginée ? Par la souveraineté du peuple, compris moins comme l'ensemble des citoyens que comme la masse des couches populaires demandant à être protégées contre l'exploitation et la précarité ? Par la souveraineté des individus demandant à être protégés contre toute oppression de la majorité ?

Ces questions conflictuelles ne doivent pas rester des questions académiques : c'est précisément le risque de la notion de souveraineté que de substituer aux questions concrètes de la démocratisation des pouvoirs publics (y compris les banques centrales et les cours de justice, dont les procédures de nomination sont à interroger) le fétiche ou le fantasme d'un pouvoir formel de décision absolue (qui peut recouvrir une impuissance réelle). Les questions de souveraineté doivent être des embrayeurs vers les questions décisives, qu'elles pointent en risquant de leur faire obstacle et qui sont les questions des conditions effectives de la démocratie sociale et politique.

# Rééquilibrer la mondialisation

***Dani Rodrik***

*Professeur d'économie internationale à l'université de Harvard, Dani Rodrik est l'un des principaux opposants académiques aux thèses qui font du libre-échange le facteur obligé et essentiel de la croissance, une position qui l'a fait connaître à travers le monde à partir de la publication de son ouvrage,* The Globalization Paradox: Democracy and the Future of the World Economy *(Norton, 2012). Dans cet article paru initialement dans la* Milken Institute Review *en 2017, après le vote sur le Brexit et l'élection de Donald Trump mais bien avant la pandémie due au coronavirus, il présente son analyse des déséquilibres économiques et politiques induits par* « l'hyper-globalisation ».

La mondialisation est en difficulté, minée par les faux récits qui l'ont déstabilisée. Dans le monde entier, on a dit aux électeurs non seulement qu'elle était un processus inévitable, mais qu'elle devait nécessairement prendre la forme particulière qu'elle a revêtue. L'État-nation, disait-on, était l'ennemi de la mondialisation et devait dégager la voie. La mondialisation requérait des règles du jeu de plus en plus strictes, rendues obligatoires par des accords commerciaux, des organisations multilatérales et des réseaux internationaux de régulateurs. Mais il ne fallait pas s'en faire : elle favoriserait le progrès économique et l'harmonie politique, même si ce n'était pas d'emblée pour tout le monde.

Rien de tout cela n'était vraiment vrai. Le développement de l'intégration économique n'a rien d'inévitable, ni la voie que doit suivre la mondialisation si elle se poursuit. Et contrairement aux idées reçues, les États-nations jouent un rôle absolument essentiel, parce qu'ils fournissent les biens publics indispensables à la prospérité de marchés ouverts, de l'encadrement juridique à la stabilisation macroéconomique. Une gouvernance mondiale est largement superflue : les politiques commerciales, financières, monétaires et de régulation requises pour soutenir une économie mondiale ouverte ne nécessitent pas une grande coordination si les gouvernements font bien leur travail.

L'idée d'adapter les nations pour pouvoir bénéficier de l'intégration transforme la mondialisation en fin plutôt qu'en moyen. La droite et la gauche divergent sur le régime nécessaire. La droite insiste sur la mise en place d'un environnement propice à l'investissement (réduction des formalités administratives, réduction de l'impôt sur les sociétés). La gauche parle d'investissements dans la formation qualifiante, l'éducation et les infrastructures. Mais dans les deux cas, à nous de nous adapter pour être compétitifs dans l'économie mondiale.

La mondialisation a certainement généré des avantages. Les cadres, les managers et les capitalistes des économies avancées – ceux qui s'en sortaient déjà très bien – y ont énormément gagné. Des centaines de millions de travailleurs pauvres, sous-employés en Chine et ailleurs (surtout en Asie), ont également trouvé des emplois dans la production destinée à l'exportation. Mais si l'on examine de près la Chine et les autres pays d'Asie orientale qui ont si bien réussi, on découvre qu'ils ont joué le jeu de la mondialisation avec des règles différentes. Ils n'ont que partiellement ouvert leurs marchés et ont administré le rythme et l'impact de l'intégration économique par des interventions allant de subventions aux industries favorisées aux contrôles des flux transfrontaliers de capitaux.

Le retour de bâton populiste, illustré par la victoire électorale de Donald Trump mais qui couvait depuis les années 1980, a convaincu même les zélateurs de la mondialisation que certaines choses doivent changer. Les élites admettent désormais qu'elle produit tout autant de perdants que de gagnants. Cependant, selon eux, la bonne réponse n'est pas d'en changer le cours, mais d'assurer une compensation aux perdants.

Jusqu'à présent, l'approche compensatoire a été qualifiée d'« assurance enterrement ». Les programmes sociaux qui sont parfois annexés aux accords commerciaux n'ont fourni qu'une aide inadéquate à une infime partie de la population touchée.

Les travailleurs ont toujours représenté le côté faible dans les négociations ; s'ils avaient eu assez de poids pour obtenir un solide filet de sécurité, ils auraient eu dès le début un poids suffisant pour remodeler les accords commerciaux dans un sens favorable. Là où la compensation a fonctionné, comme en Europe, elle s'est inscrite dans le cadre d'un compromis plus vaste entre les entreprises et les syndicats, par lequel les travailleurs acceptent la forme d'instabilité du marché du travail inhérente à l'ouverture des marchés en échange des prestations de l'État-providence.

La mondialisation ne sera pas sauvée par de nouvelles promesses de cadeaux ni des formations en programmation informatique et autres qualifications. Il faut un changement de cap significatif. Il est réellement possible de préserver ses avantages économiques et de la rendre en même temps plus équitable. De nombreuses voies prometteuses ont été négligées par les discours dominants. Il faut avant tout rééquilibrer les politiques d'intégration économique mondiale dans trois directions : du capital et des entreprises vers le travail et la société au sens large, de la gouvernance mondiale vers la gouvernance nationale, et des domaines à faibles bénéfices économiques globaux vers ceux où ils sont importants.

## *Du capital au travail*

Les avantages de la mondialisation sont répartis de manière inégale, car son modèle actuel repose sur une asymétrie corrosive. Les accords commerciaux et les règles internationales sont conçus dans une large mesure en fonction des besoins du capital. Les intérêts des travailleurs (bons salaires, milieu de travail décent, sécurité de l'emploi, voix au chapitre dans l'entreprise, droits de négociation) sont à peine pris en compte. Le modèle économique implicite est fondé sur le principe du ruissellement : les avantages pour les investisseurs rejailliront sur la société sous forme de meilleurs emplois et de recettes fiscales.

La mondialisation a donc pris une forme biaisée. Elle consiste à réduire les coûts des activités commerciales transfrontalières et à faciliter les flux de capitaux transfrontaliers. L'Organisation mondiale du commerce (OMC) et le Fonds monétaire international (FMI) focalisent toute l'attention et agitent de gros bâtons, alors que l'Organisation internationale du travail (OIT) n'est qu'un simple club de discussion.

Les accords commerciaux suivent dans leur grande majorité un ordre du jour dicté par les entreprises. Leur priorité est la protection des droits de propriété des investisseurs, même lorsque ces droits sont vagues (comme dans le cas des « droits de propriété intellectuelle »). Le mécanisme de règlement des différends entre investisseurs et États

(*Investor-State Dispute Settlement*, ISDS), qui permet aux entreprises de poursuivre les gouvernements nationaux devant des tribunaux d'arbitrage internationaux, est devenu omniprésent. L'ISDS est censé garantir que les gouvernements respectent leurs propres lois et engagements et ne spolient pas des entreprises étrangères. Mais pourquoi le privilège de recourir à un arbitrage international n'est-il accordé qu'aux entreprises et aux investisseurs étrangers ? Pourquoi ne pas établir des tribunaux internationaux similaires devant lesquels des groupements de travailleurs (ou de consommateurs) pourraient contester les violations des droits fondamentaux du travail ou des lois sur la sécurité des consommateurs ?

Un autre aspect frappant de cette asymétrie est visible dans la liberté de se déplacer au-delà des frontières nationales dont jouissent le capital et les entreprises, alors que la force de travail en est privée. Nous y voyons une caractéristique naturelle de l'économie mondiale, même si elle est la conséquence de choix politiques et qu'elle n'a rien de naturel. À une époque antérieure de la mondialisation, à la fin du XIX$^{e}$ siècle, les gens étaient relativement libres de se déplacer vers des pays offrant de meilleures opportunités économiques – et ils l'ont fait en grand nombre.

En outre, la libre circulation des capitaux n'a pas toujours été de mise. À la fin de la Seconde Guerre mondiale, les économistes et les responsables politiques étaient unanimes à considérer la mobilité des capitaux – en dehors des investissements directs à long terme des entreprises – comme intrinsèquement déstabilisante et nuisible à la gestion macroéconomique. Dans les années 1990, cependant, leur mobilité internationale est devenue la norme mondiale, consacrée par les pratiques de l'Organisation de coopération et de développement économiques (OCDE) et du FMI, alors que la mobilité de la main-d'œuvre est restée très limitée et corsetée par des législations nationales très diverses.

Cette différence de mobilité produit un large éventail d'effets distributifs à l'avantage du capital et au détriment du travail. De toute évidence, les investisseurs et les cadres hautement qualifiés peuvent bénéficier de rémunérations plus élevées au-delà des frontières, contrairement à la grande majorité des travailleurs. Les négociations entre le travail et le capital s'en ressentent.

La menace d'une délocalisation ou d'une externalisation peut contraindre les travailleurs à accepter une réduction de salaire ou à limiter leurs revendications. D'où la tendance mondiale à une diminution de la part du travail dans le revenu total. La mobilité du capital rend plus difficile son imposition et, à l'inverse, incite davantage à le subventionner afin de le rapatrier. D'où la réduction mondiale des taux d'imposition des sociétés et la concurrence pour attirer les investissements. Enfin, la différence des mobilités implique que le risque économique est supporté de manière disproportionnée par le facteur immobile qu'est le travail. Les ralentissements économiques se traduisent par de longues périodes de chômage et des réductions de salaire, alors que les investisseurs sont partiellement protégés par leur diversification à travers le monde.

**Pour corriger ce déséquilibre avec le capital, il faut donner voix égale au travail dans la définition des règles de la mondialisation.**

Pour corriger ce déséquilibre avec le capital, il faut donner voix égale au travail dans la définition des règles de la mondialisation. Concrètement, cela implique de reconsidérer quelles sont les institutions multilatérales qui fixent l'ordre du jour des discussions internationales et qui s'assoit à la table lorsque des accords commerciaux sont négociés.

Donner plus de poids au travail n'entraînera pas nécessairement une plus grande mobilité transfrontalière des travailleurs ; les travailleurs des pays avancés et des pays pauvres ont des intérêts contradictoires. Mais il faut rejeter la norme actuelle qui oppose le capital mondialement mobile et le travail qui ne l'est pas. Cette norme devrait être remplacée par l'idée que les mobilités du capital et du travail doivent aller de pair, le degré de mobilité globale étant déterminé par d'autres considérations politiques.

## *De la gouvernance mondiale à la gouvernance nationale*

En dépit des multiples liens entre les économies nationales, l'économie mondiale n'est pas un bien commun mondial et n'a donc pas besoin d'une gouvernance mondiale pour être gérée efficacement. La plupart des échecs de l'économie mondiale trouvent leur origine dans les échecs de la gouvernance nationale. C'est pourquoi il faut améliorer celle-ci.

Cette thèse va certainement à contre-courant, mais elle découle directement de la doctrine économique qui sous-tend la mondialisation : le commerce mutuellement bénéfique. Comme l'a montré David Ricardo il y a longtemps, et comme des générations d'économistes l'ont affirmé par la suite, les nations commercent parce que c'est dans leur propre intérêt. L'avantage comparatif (le processus dicté par le marché par lequel les économies se spécialisent dans ce qu'elles font/fabriquent relativement bien) génère des gains commerciaux pour les deux parties. Le but de l'ouverture commerciale n'est pas d'accorder des avantages économiques aux autres nations, mais d'améliorer son propre sort. Certes, le commerce engendre ici ou là des perdants, car la production est délocalisée. Mais le commerce ne diffère pas à cet égard du progrès technologique. Les sociétés qui fonctionnent bien trouvent le moyen d'engranger des bénéfices globaux en faisant participer les perdants.

En revanche, l'échec des politiques commerciales ouvertes est dû en premier lieu à des considérations économiques ou sociales relevant de la politique intérieure. Une société peut ainsi accorder de l'importance à des exigences environnementales (un air pur) ou en matière de distribution des revenus (des salaires généreux pour les ouvriers) qui seraient compromises par le libre-échange. Ou alors un pays en développement peut avoir intérêt à protéger ses « industries naissantes » de la concurrence étrangère tant qu'elles n'ont pas développé des moyens de production compétitifs. Dans ce cas, le rejet du libre-échange ne nuit pas à la croissance de la productivité. Les accords mondiaux n'ont pas à enjoindre à ces pays de s'ouvrir. L'échec peut aussi provenir de la politique intérieure d'un État. Mais alors le vrai problème est ailleurs : dans l'influence politique peut-être excessive d'intérêts bien ancrés, comme ceux des producteurs de lait, des producteurs de sucre ou des constructeurs automobiles, et non dans l'absence de règles mondiales appropriées.

Dans de telles circonstances, le renforcement de la gouvernance mondiale peut ou non servir à gérer cette « recherche de rente ». Les règles mondiales peuvent parfois servir de contrepoids aux intérêts protectionnistes. Mais il est tout aussi probable qu'elles soient rédigées et administrées par les mêmes intérêts particuliers qui dominent l'élaboration des politiques nationales. Pensons au rôle des grandes banques dans la fixation de normes mondiales minimales en matière de circulation des capitaux ou à celui des entreprises pharmaceutiques dans la rédaction des règles mondiales en matière de brevets. Il en va de même dans d'autres domaines. Une réglementation prudentielle appropriée des marchés financiers et une gestion fiscale et monétaire saine sont bonnes pour l'économie nationale. La gouvernance mondiale peut parfois améliorer les choses en avantageant les modèles de bonne gouvernance. Mais il est impossible d'estomper le fait que le problème se situe au niveau de la politique intérieure.

Il y a bien sûr des exceptions où les intérêts nationaux et mondiaux ne coïncident pas. Parfois, des pays mènent des politiques mercantilistes du type « chacun pour soi ». Ainsi, la suppression par l'Allemagne de la croissance des salaires au nom de la stimulation des exportations a rendu plus difficile le redressement des économies moins productives de la zone euro après la récession. Et les subventions (surtout indirectes) accordées par la Chine aux exportateurs se sont parfois faites au détriment de ses partenaires commerciaux. Mais, le plus souvent, un protectionnisme malavisé, une austérité budgétaire excessive, une réglementation financière inadéquate et une faible protection des droits de propriété sont autant de politiques autodestructrices.

Les économistes supposent souvent que les règles mondiales sont davantage contrôlées par les technocrates et moins sujettes à la manipulation politique que les règles nationales. Mais même si c'était vrai, ce n'est pas forcément un avantage. En réalité, bon nombre des modes actuels de la gouvernance mondiale (les accords multilatéraux dans tous les domaines, des réglementations sur les investissements aux codes de responsabilité des entreprises) soulèvent de troublantes questions. À qui ces mécanismes sont-ils censés rendre des comptes ? Qui a mandaté les clubs mondiaux de régulateurs, d'organisations internationales non gouvernementales ou de grandes entreprises ? Qu'est-ce qui garantit que la voix et les intérêts de ceux qui sont moins connectés au niveau mondial soient également entendus ?

Cela ne signifie pas que la gouvernance mondiale n'ait aucun rôle à jouer. Mais, pour rééquilibrer la mondialisation en faveur du contrôle national, la priorité des accords internationaux doit être d'améliorer le fonctionnement de l'État-nation, et non de l'affaiblir. Les institutions mondiales doivent servir à renforcer les normes démocratiques clés de la représentation, de la participation, de la délibération, de l'État de droit et de la transparence – sans préjuger de leurs résultats politiques.

Les discussions mondiales sur les retombées des politiques macroéconomiques ou réglementaires nationales sont parfois utiles. Elles peuvent servir à réduire les malentendus internationaux et, parfois, à établir de nouvelles normes de comportement. Elles peuvent également faciliter la conclusion d'accords, lorsqu'il est suffisamment intéressant pour un pays d'indemniser un autre pour qu'il cesse d'agir à son détriment – par exemple, en fournissant une technologie permettant de réduire la pollution d'un fleuve.

Mais la présence de retombées négatives ne suffit pas à elle seule à justifier des restrictions internationales à l'espace politique national. Il n'est écrit nulle part que les intérêts économiques des autres nations doivent l'emporter sur les avantages socio-économiques de sa propre nation. Les accords mondiaux devraient viser le renforcement de la démocratie au niveau national plutôt que la mondialisation en soi.

## *Gagner en efficacité*

L'argument économique le plus courant en faveur de l'ouverture est qu'elle produit des gains d'efficacité et donc un élargissement du gâteau économique total. Il serait logique que les négociations sur l'abaissement des barrières commerciales se concentrent sur les domaines où ces gains sont les plus importants et les coûts politiques intérieurs et les effets distributifs négatifs les plus faibles. Vu sous cet angle, le programme conventionnel de la mondialisation est très bizarre. On gaspille beaucoup de capital politique dans des efforts peu rentables, alors qu'on néglige des domaines où les gains nets sont énormes.

À la suite de près de sept décennies de négociations et d'accords commerciaux, la plupart des obstacles au commerce de biens industriels et de produits agricoles ont été considérablement réduits. Avec la baisse des droits de douane, les négociations commerciales sont passées d'une focalisation sur les barrières directes aux frontières aux barrières indirectes liées aux réglementations nationales (sur les services, les normes, les brevets, les droits d'auteur, etc.) Les accords commerciaux actuels visent à harmoniser ces réglementations ou à en réduire l'effet afin de permettre aux entreprises d'opérer plus facilement sur les différents marchés.

Les coûts associés aux divergences de réglementations pour les entreprises peuvent parfois être élevés. Cependant, contrairement aux barrières douanières, il n'existe pas de présomption théorique générale selon laquelle la suppression ou l'harmonisation de ces « barrières » réglementaires améliore l'efficacité. Dans de nombreux cas, ces réglementations ont pour fin de promouvoir le bien-être collectif (amélioration de la sécurité des consommateurs, internalisation des externalités environnementales ou possibilité d'accès des groupes défavorisés). Il n'y a aucune raison de croire que leur harmonisation afin de développer le commerce améliore le bien-être général. La vérité cachée derrière ces négociations est qu'elles servent les intérêts de groupes spécifiques qui ont réussi à s'emparer du processus.

Le rapport coût-bénéfice de la mondialisation financière semble encore plus mauvais. La mobilité des capitaux a non seulement aggravé la répartition inégale des revenus dans le monde, mais elle a également augmenté l'incidence et la gravité des crises financières. Son avantage tant vanté – promouvoir la croissance en transférant l'épargne des pays riches vers les pays pauvres – ne s'est pas matérialisé. En effet, les capitaux circulent souvent « en amont », des pays pauvres vers les pays riches. Pourtant, les autorités mondiales consacrent des efforts considérables à l'harmonisation des règles relatives à la suffisance des fonds propres et à d'autres règles prudentielles sur la base de la présomption discréditée selon laquelle l'ouverture financière produit d'importants gains d'efficacité.

Où donc trouver aujourd'hui les gains réels de la mondialisation ? La réponse est facile : là où les barrières sont vraiment élevées. Et elles ne sont nulle part aussi élevées que dans la mobilité transfrontalière des travailleurs. Je plaide depuis longtemps en faveur d'un système de visas pour les travailleurs temporaires qui permettrait de tirer parti de ces gains inexploités. Ce système serait administré bilatéralement sur la base de quotas spécifiques au pays d'origine. Afin de maximiser les avantages pour le pays d'origine et de répartir les gains, les visas seraient accordés pour une période fixe, par exemple de trois à cinq ans. Les visas n'ouvriraient pas la voie à la citoyenneté, mais les travailleurs hôtes bénéficieraient de la pleine protection des normes et réglementations du travail du pays d'accueil.

Un mélange de bâtons et de carottes pourrait être utilisé pour garantir que la majorité des travailleurs choisissent de retourner dans leur pays d'origine à l'expiration de leur visa. Par exemple, une partie de la rémunération des travailleurs hôtes pourrait être placée sur des comptes d'épargne forcée, pour n'être restituée qu'au moment du rapatriement.

Les quotas des pays exportateurs de travailleurs pourraient être ajustés en fonction de leur capacité à réattirer leurs travailleurs dans leur pays. Les pays d'origine seraient ainsi encouragés à offrir des incitations au rapatriement, tout comme ils courtisent actuellement les investissements étrangers et les expatriés qualifiés.

Une fois négociée et gérée, l'expansion de la mobilité transfrontalière des travailleurs permettra d'augmenter considérablement la taille du gâteau économique, tant au niveau mondial que national. Cela aura également des effets redistributifs, surtout à court terme. Certains travailleurs autochtones non qualifiés des pays riches en souffriront probablement. Mais les travailleurs hôtes seront employés dans le cadre des normes de travail nationales, plutôt que dans celles du pays d'origine, qui sont en général beaucoup plus faibles. Cela éliminera une source importante de préoccupation dans les économies d'accueil quant au commerce déloyal et au « *dumping* social ».

Un autre domaine permettant d'obtenir des gains d'efficacité relativement importants est celui des réformes renforçant la légitimité du régime commercial mondial. Pendant trop longtemps, les négociateurs commerciaux ont fonctionné dans un esprit d'« échange d'accès au marché »: ouvrez votre marché et, en retour, j'ouvre le mien. Or, en termes d'efficacité, l'ouverture est bonne pour chacun indépendamment de ce que fait l'autre. La contrainte entravant aujourd'hui l'intégration mondiale n'est pas due à une insuffisante ouverture, mais au fait que trop de gens pensent qu'elle est gérée par des élites ploutocratiques dans leur propre intérêt.

Il faut donc examiner de près les accords commerciaux et le régime de l'OMC afin de supprimer les règles intrusives qui limitent la capacité des États-nations à répondre aux besoins nationaux. Pour les pays en développement, il faut lever les restrictions sur les politiques industrielles, les brevets, les droits d'auteur et la gestion des comptes de capital. Pour les économies avancées, il faut élargir les possibilités de recours contre le *dumping* social et le commerce déloyal. Dans l'ensemble, il faut que les négociations mondiales passent d'un « échange d'accès au marché » à un « échange de souveraineté politique ».

Il devrait vraiment être possible de concevoir un système économique mondial qui soit en même temps attentif aux besoins des économies en développement et à ceux des économies avancées. Les progressistes américains se sont inutilement crispés sur cette question, craignant que des politiques commerciales donnant la priorité aux intérêts des travailleurs américains ne nuisent forcément aux travailleurs beaucoup plus pauvres du monde en développement. En réalité, les pays riches comme les pays pauvres pourraient bénéficier d'un régime commercial mondial allégé. Certains des miracles de croissance les plus impressionnants de notre époque (Japon, Corée du Sud, Taïwan) se sont produits à une époque où l'OMC n'existait pas et où les contraintes multilatérales sur les barrières commerciales étaient limitées.

Bien entendu, rien ne garantit que les gouvernements utiliseront à bon escient la marge de manœuvre ainsi offerte. Mais au moins, ils n'auront plus l'excuse de « la mondialisation m'a obligé à le faire ». Les échecs des politiques nationales seront exposés pour ce qu'ils sont.

## *Les yeux sur le prix*

Nous ne devons pas rejeter la mondialisation, mais la sauver sous une forme qui fonctionne mieux pour un plus grand nombre de personnes. L'intégration économique est allée trop loin dans des domaines comme la mondialisation financière et l'harmonisation des réglementations. Elle n'est pas allée assez loin dans d'autres, comme la mobilité internationale de la main-d'œuvre. Le débat à éviter est de discuter si la mondialisation est bonne ou mauvaise en soi. La véritable question est de savoir comment la rééquilibrer afin de permettre aux groupes exclus de mieux se faire entendre, de reconstruire les pactes sociaux au niveau national et de concentrer les négociations mondiales sur les domaines où les gains économiques potentiels sont encore très importants.

*Cet article, initialement publié dans la* Milken Institute Review *(que nous remercions de nous avoir aimablement donné l'autorisation de reproduire l'article) au quatrième trimestre de 2017 sous le titre "The trouble with globalization", est traduit de l'anglais (États-Unis) par Jean Vogel.*

# La souveraineté à l'ère planétaire

*David Djaïz*

La *« première mondialisation*[1] » avait été cassée par la nouvelle guerre de Trente Ans (1914-1945), durant laquelle se sont succédé deux conflits d'ampleur internationale et une dépression économique abyssale. Après 1945, l'enjeu pour les États-Unis et le Royaume-Uni, grands vainqueurs du second conflit mondial, était de relancer ce processus. Depuis lors, les interdépendances entre nations n'ont cessé d'augmenter. Plutôt qu'une évolution continue, il est possible d'identifier trois âges de l'interdépendance, chacun caractérisé par des différences de degré et de nature.

## *Les trois âges de l'interdépendance*

Entre 1945 et 1975, le premier âge de l'interdépendance peut être qualifié d'*internationalisation.* Après la Seconde Guerre mondiale, les États-nations vainqueurs inaugurent un nouvel ordre international, politique et économique, pensé pour assurer une paix durable et garantir la stabilité économique. Conforme à la leçon de Montesquieu, selon qui le commerce polit les mœurs et décourage la guerre, la grammaire de ce nouvel ordre peut être résumée ainsi : une augmentation continue des échanges économiques entre les nations, étroitement contrôlée par les États souverains. Les échanges commerciaux croissent donc, progressivement mais significativement, entre 1945 et 1979, dans un régime de contrôle des capitaux et des changes. Le taux de croissance du commerce international passe de 6 % en moyenne annuelle sur la période 1953-

**1 - Suzanne Berger, *Notre première mondialisation. Leçons d'un échec oublié*, Paris, Seuil, 2003.**

1958 à 8,3 % sur la période 1963-1968, et même à 9,2 % sur la période 1968-1973[2].

La décennie 1979-1989 marque le passage dans une nouvelle ère. Dès 1979, sur fond d'élection de Margaret Thatcher au Royaume-Uni, de politique anti-inflationniste à la Réserve fédérale, d'ouverture de l'économie chinoise et de crise énergétique globale, un nouvel ordre du monde se met en place[3]. Cette deuxième ère de l'interdépendance peut être qualifiée de *mondialisation*. Il en va d'une différence de degré aussi bien que de nature avec le premier âge d'internationalisation. De degré d'abord, car les ordres de grandeur sont incomparables. Entre 1990 et 2011, alors que le PIB mondial est multiplié par 1,6, les exportations le sont par 5,3 en valeur, et par 3 en volume. La révolution des technologies de l'information et de la communication permet également un essor considérable des flux de capitaux transnationaux, ainsi que de la circulation de l'information. Mais il en va aussi d'une différence de nature, le processus de mondialisation n'impliquant pas les mêmes acteurs et ne poursuivant pas les mêmes finalités. Dans le processus d'internationalisation, l'État-nation restait l'acteur principal, et l'internationalisation ne servait qu'à renforcer son compromis social interne. Dans le processus de mondialisation, il se trouve concurrencé par d'autres acteurs, supra ou infra-étatiques comme l'Union européenne ou les collectivités territoriales, mais aussi privés comme les firmes multinationales. L'essor des moyens de communication liés au numérique induit une nouvelle organisation du temps et de l'espace, marquée par l'instantanéité et l'abolition des distances. Quant à la finalité, elle est devenue la maximisation de la fonction d'utilité de l'individu comme de la firme.

Ce faisant, il arrive que la mondialisation sape de manière systématique les compromis noués à l'intérieur d'une société démocratique. Par exemple, une nation qui fait le choix d'un haut niveau de prélèvements obligatoires et de redistribution sociale est immédiatement mise en difficulté dans un régime de libre circulation des capitaux. Les États sont mis sous pression, sommés de réduire la fiscalité des facteurs de production mobiles (capital, travail qualifié), sous peine de perdre en compétitivité.

2 - Voir Pierre Dockès, *Le Capitalisme et ses rythmes, quatre siècles en perspective*, t. II, *Splendeurs et misère de la croissance*, Paris, Classiques Garnier, 2019.

3 - Voir le dossier « L'année 1979 : un tournant mondial », *Le Débat*, nº 207, novembre-décembre 2019, p. 46-117.

Autre exemple, les règles de finances publiques européennes décidées avec l'introduction de l'euro : elles ont entraîné une perte de pouvoir au niveau national sans s'accompagner d'un gain de puissance au niveau européen. Cette fuite en avant a engendré des effets destructeurs sur le système démocratique à l'intérieur des nations européennes, et explique *en partie* (en partie seulement) la montée du populisme. L'État reste présent dans le processus de mondialisation, mais il ressemble de plus en plus à un « sujet passif », partiellement dépossédé de sa souveraineté et concurrencé par des entités nouvelles.

De même que les crises énergétiques, financières et géopolitiques des années 1970-1980 ont sonné le glas de l'ère d'internationalisation, celles de la décennie 2008-2020 ont marqué le déclin de l'ère de *mondialisation*. Dès après la crise financière de 2008, on constate un fort ralentissement de la croissance du commerce international : en 2019, l'année précédant directement la pandémie, elle n'a été que de 2,6 %, alors qu'elle avoisinait les 10 % durant les années 1990. À la fin de cette décennie de transition, avec la crise de la Covid-19 que Michel Lussault a qualifiée le premier de *« fait anthropocène total*[4] *»*, il semblerait bien que nous entrions dans un troisième âge de l'interdépendance planétaire, que je propose d'appeler *planétarisation*. Pourquoi ce terme ? Parce que la planète Terre, en tant que système bio-géo-physique avec tous les vivants qui l'habitent, est devenue un objet majeur de l'histoire universelle. La crise de la Covid-19 marque de ce point de vue un véritable tournant, à la fois chant du cygne de l'ère *mondialisée* et événement précurseur de l'ère *planétaire*. En effet, si la pandémie incarne avant tout une crise de la mondialité, c'est-à-dire le dysfonctionnement majeur d'un monde où tout circule de manière accélérée – marchandises, capitaux, mais aussi êtres humains et virus –, elle est également une crise de notre relation détraquée à la planète et au vivant, puisque les zoonoses ne peuvent s'épanouir que sur fond de trafic massif d'animaux sauvages, de déforestation intensive et d'urbanisation généralisée. Pour cette raison, l'ère planétaire marque une différence de nature par rapport à l'ère mondialisée, les « problèmes publics » – économiques, financiers, informationnels –

**La planète Terre est devenue un objet majeur de l'histoire universelle.**

4 - Michel Lussault, *Chroniques de géo'virale*, illustré par Lou Herrmann, Lyon, Éditions 205, coll. « À partir de l'Anthropocène », 2020.

qui se posaient à l'ère précédente devenant des sous-ensembles d'une question plus vaste, la *question planétaire*. De même que la physique de Galilée n'est pas annulée par la relativité d'Einstein, mais « régionalisée » comme le sous-ensemble d'une physique plus large, de même la mondialisation économique n'est pas annulée par l'anthropocène, mais elle devient un élément de la question planétaire.

## Histoire planétaire, souverainetés plurielles

*Quid* de la souveraineté dans ce processus ? À l'âge planétaire, stade ultime de l'interdépendance globale, on serait tenté de dire que la notion même de souveraineté, qui a constitué la grille d'analyse privilégiée de la politique moderne depuis la fin du Moyen Âge, est caduque. Quelle que soit la définition que l'on privilégie, la souveraineté suggère en effet une idée d'*indépendance*, à première vue incompatible avec l'*interdépendance totale* de l'âge planétaire.

Qu'il s'agisse de la souveraineté d'État à l'âge monarchique, inventée bien avant la démocratie, qui désigne la monopolisation par le souverain de la violence physique et sa capacité subséquente à décider de l'état d'exception, ou de la souveraineté nationale à l'âge démocratique – celle-ci n'étant pas une simple translation du monarque vers le peuple, mais portant en elle l'horizon inédit de l'autorisation démocratique et du consentement des gouvernés –, il semblerait bien que le concept renvoie à une *double maîtrise* par le souverain, qu'il soit monarchique ou démocratique, *de l'espace et du temps*. Maîtrise de l'espace, car la souveraineté est étroitement associée à la notion de frontière, qu'elle porte sur la réduction des féodalités à l'intérieur du royaume, ou sur la défense des frontières extérieures face aux armées d'invasion. Maîtrise du temps, car le souverain dispose non seulement du registre de l'exception, c'est-à-dire de la gestion de la crise et de l'urgence, mais aussi de celui du long terme, c'est-à-dire de la continuité de l'État (les *« deux corps du roi »*) et de la capacité à planifier.

L'ère de la mondialisation a fait vaciller ces deux maîtrises, en tendant à substituer au paradigme de la souveraineté une grammaire de marché, supposée évacuer la complexité du temps et de l'espace pour se réfugier dans la *« déspatialisation[5] »* et le *« présentisme[6] »* accélérés par la révolution numérique. L'idéal des « globalistes » promoteurs de la mondialisation libérale, si bien décrits par Quinn Slobodian, était en effet le grand marché mondial, hors espace et hors temps, sur lequel se rencontrent acheteurs et vendeurs[7]. Pour établir ce grand marché mondial, il fallait intégrer des pays entiers, naguère réfractaires, au jeu capitaliste : ce fut le cas avec le tournant économique chinois impulsé par Deng Xiaoping dès 1978, puis avec la chute du bloc soviétique à partir de 1989 et sa conversion éclair à l'économie de marché. Mais il fallait aussi instaurer une discipline de marché *à l'intérieur même* des nations démocratiques, en bridant services publics et État social. Ce libre-échangisme total a ainsi fait pression, dans des proportions inouïes, sur les compromis sociaux internes qui s'étaient démocratiquement noués dans un cadre national, par exemple l'État-providence dans les pays européens. L'idéal de gouvernement de l'ère mondialisée, inspiré des procédures de marché, dénie ainsi toute épaisseur spatiale et temporelle au gouvernement des hommes ; il est hostile à l'affirmation de la souveraineté.

À première vue, il serait tentant d'affirmer que l'*ère planétaire* impose un art de gouverner fondé sur une même répudiation de la souveraineté. C'est en réalité tout le contraire. Sortie par la porte à l'âge de la mondialité, la souveraineté pourrait revenir par la fenêtre à l'ère planétaire, mais à nouveaux frais et complexifiée dans son fonctionnement.

Nous entrons dans un monde paradoxal, marqué à la fois par une interconnexion planétaire croissante et une fragmentation politique accrue, avec une augmentation du nombre d'États-nations. L'État-nation est aujourd'hui le phénomène le plus « mondialisé », comme l'a fait valoir l'historien Pascal Ory ; il en existe près de deux cents, alors qu'ils n'étaient que quarante en 1945[8]. Les mouvements régionalistes à l'œuvre en Catalogne ou en Belgique flamande n'aspirent qu'à une chose : faire accéder leur région au rang d'État-nation. Comment le système-Terre, devenu le sujet premier de l'histoire universelle, s'articule-t-il avec la fragmentation politique du monde en toujours plus d'États-nations ?

5 - Antoine Garapon et Jean Lassègue, *Le Numérique contre le politique. Crise de l'espace et reconfiguration des médiations sociales*, Paris, Presses universitaires de France, 2021.

6 - François Hartog, *Régimes d'historicité. Présentisme et expérience du temps*, Paris, Seuil, 2003.

7 - Voir Quinn Slobodian, *Globalists: The End of Empire and the Birth of Neoliberalism*, Harvard, Harvard University Press, 2018.

8 - Voir Pascal Ory, *Qu'est-ce qu'une nation ?*, Paris, Gallimard, 2020.

Tout simplement en devenant un objet et un enjeu de puissance *pour les États-nations eux-mêmes*.

Nous sommes bien à l'ère de l'histoire universelle, et même de l'histoire planétaire, mais les États-nations en demeurent des sujets agissants essentiels[9]. Si le système-Terre est bien le sujet principal de l'histoire planétaire (génitif objectif), les États en redeviennent les sujets agissants principaux (génitif subjectif), davantage qu'à l'ère mondialisée. En effet, il n'y aura pas de décarbonation sans compétition technologique et géopolitique entre États. Ulrich Beck avait déjà repéré combien la menace d'une apocalypse nucléaire constituait au XX^e^ siècle un risque global, tout en étant l'un des enjeux géopolitiques locaux de la guerre froide à laquelle se livrèrent États-Unis et Russie soviétique – déterminant une partie des rapports de puissance de la seconde moitié du XX^e^ siècle[10]. La diplomatie climatique pourrait se trouver dans une position similaire au XXI^e^ siècle, surtout après le spectaculaire revirement chinois qui a vu le président Xi Jinping annoncer un objectif de neutralité carbone pour son pays, pourtant surnommé « la cheminée du monde », à l'horizon 2060. À preuve, notre avenir climatique dépendra largement de l'action de ces sujets agissants de l'histoire planétaire que sont les États-nations. Cette action sera un mélange de coopération dans des enceintes comme les COP, dont l'effectivité est de plus en plus mise en question, et de franche compétition à travers des politiques énergétiques, industrielles, scientifiques et technologiques concurrentes : la « course au désarmement fossile » entre les États-Unis et la Chine, autour des technologies de décarbonation et des énergies renouvelables ou nucléaires, en fournit un bon exemple. L'enjeu, dès lors, n'est pas de révoquer la souveraineté mais de faire vivre la tension stratégique entre une histoire planétaire et ses sujets agissants, qui demeurent durablement les États-nations – ou des systèmes de coopération régionaux comme l'Union européenne.

**Sortie par la porte à l'âge de la mondialité, la souveraineté pourrait revenir par la fenêtre à l'ère planétaire.**

9 - Voir Raymond Aron, *Dimensions de la conscience historique* [1961], préface de Perrine Simon-Nahoum, Paris, Les Belles Lettres, 2011.

10 - Ulrich Beck, *La Société du risque. Sur la voie d'une autre voie modernité*, trad. par Laure Bernardi, préface de Bruno Latour, Paris, Aubier, 2001.

Cependant, il ne s'agit pas seulement de faire vivre la tension entre souveraineté locale et histoire universelle, mais de complexifier la notion même de souveraineté pour aboutir à un art de gouverner ajusté aux problèmes publics de l'ère planétaire. Le retour en grâce de la souveraineté implique de se soustraire au *« présentisme »* et à la *« déspatialisation »* du fondamentalisme de marché. Durant l'ère mondialisée, nous avions délibérément oublié que le marché est encastré dans des ensembles sociaux complexes, dont les nations sont l'expression la plus aboutie car, loin d'être de pures constructions imaginaires, elles sont d'abord des systèmes matériels de relations sociales, certes fondés sur un sentiment d'appartenance rétrospectif et projectif, mais surtout intermédiés par un ensemble d'institutions que l'on appelle « État ». Ce faisant, les nations restent l'expression la plus aboutie de l'interdépendance sociale. Le résultat catastrophique de cet oubli a été une montée sans précédent des inégalités dans les sociétés industrialisées, ainsi qu'une désaffection démocratique croissante[11]. Or l'ère planétaire nous amène à découvrir que, non contente d'être encastrée dans de riches ensembles sociaux, l'économie est également encastrée dans les limites bio-géo-physiques de notre Terre.

## *Pour une complexification de la souveraineté*

L'ère planétaire nous enjoint de retrouver une maîtrise du temps. Cette injonction emprunte souvent le registre de l'urgence, voire de l'exception, lorsqu'elle incite à prendre en charge des phénomènes climatiques extrêmes et les conséquences catastrophiques des franchissements de seuil à très court terme. Elle emprunte également celui de la planification et du temps long, s'agissant des mesures d'atténuation, car les effets des décisions d'aujourd'hui ne se feront pas sentir avant 2050, voire 2100. Il est en outre établi qu'une politique industrielle ambitieuse sera plus efficace que la seule tarification du carbone pour sortir des énergies fossiles. Or celle-ci suppose un effort de planification et de mutualisation des risques qui ne peut être porté que par une puissance publique engagée dans une action de long terme.

11 - Voir David Djaïz, *Slow Démocratie. Comment maîtriser la mondialisation et reprendre notre destin en main*, Paris, Allary Éditions, 2019.

L'ère planétaire nous enjoint également de renouer avec la maîtrise de l'espace. Émerge alors une difficulté redoutable : les périmètres géographiques du social et de la Terre ne sont pas homothétiques. Il suffit d'observer l'activité transfrontalière entre deux pays pour comprendre que, si les sociétés, avec leurs règles et leurs mœurs, sont bien séparées – ainsi de la différence entre Strasbourg en France et Offenburg en Allemagne, pourtant distinctes de quelques kilomètres –, la gestion de ce bien commun qu'est le Rhin ignore la frontière et établit un intérêt écologique commun. Nous sommes par conséquent requis d'évoluer vers une souveraineté multidimensionnelle. L'État-nation, avec ses frontières, reste le périmètre géographique privilégié du social, même si une timide société européenne s'affirme à l'échelle de notre continent. La planète, quant à elle, est-elle le périmètre pertinent du système-Terre ? Cela dépend de quoi l'on parle. S'agissant du réchauffement climatique, sans aucun doute. En revanche, la gestion de l'eau ou celle d'un parc naturel protégé sont des préoccupations éminemment locales, qui appellent des assemblages institutionnels à cette échelle. En réalité, pour dépasser cette contradiction apparemment insoluble, il faut abandonner l'idée d'un périmètre pertinent *unique*. La gestion de l'eau n'épouse pas le périmètre d'une intercommunalité, mais le périmètre hydrogéologique du bassin-versant. C'est en fonction de ce périmètre *naturel* que l'assemblage institutionnel – coalisant des collectivités territoriales, une agence de l'eau, éventuellement des associations et des entreprises locales – doit se construire.

**Nous sommes requis d'évoluer vers une souveraineté multidimensionnelle.**

Au niveau supranational, des moignons de souveraineté étatique se sont également constitués autour de questions précises. La Banque centrale européenne (BCE), avec le *"whatever it takes"* de Mario Draghi, a largement outrepassé son mandat juridique étroit. Ce faisant, elle reconduit l'affirmation d'une proto-souveraineté de nature étatique sur les questions monétaires, en s'arrogeant le monopole de la « violence financière légitime », au grand dam de la Cour constitutionnelle allemande de Karlsruhe, attachée au respect du mandat. De même que la question de la démocratisation de la souveraineté étatico-monarchique s'était posée au siècle des Lumières, à mesure que progressait la conscience nationale parmi les sujets du royaume de France, de même la question de la démocratisation de ce proto-souverain brut et non démocratique qu'est la BCE va se poser[12].

Un retour de la souveraineté s'impose donc à l'ère planétaire, après son oubli à l'ère mondialisée, mais pas à n'importe quel prix : un *retour enrichi* et *complexifié*. Il faut réencastrer l'économie dans le social *et* dans le système-Terre. Ce faisant, la souveraineté doit désormais être conçue sur un mode dynamique et pluriel. Elle désigne la capacité d'une collectivité nationale, mais aussi subsidiairement infranationale ou supranationale, à établir des périmètres pertinents ajustés à la diversité des intérêts et des attachements matériels, et à gérer aussi bien l'exception que le temps long, dans un monde d'interdépendances sociales et écologiques. La souveraineté nationale demeure la clé de voûte de l'ordre international mais elle doit s'hybrider avec *des* souverainetés locales, par exemple la souveraineté des habitants d'un bassin de vie dans la gestion de certains communs. La réappropriation de la souveraineté permettra de dépasser cette double impasse du *présentisme* et de la *déspatialisation* de marché induite par la mondialisation, sans nous ramener au passéisme et au nativisme destructeurs, qui prospèrent en réaction aux dérives de la mondialité[13]. La souveraineté ressuscite car il n'y a pas, au fond, d'autre moyen de conjuguer une histoire planétaire qui reste agie par une multiplicité de sujets nationaux ou locaux. Il n'est pas possible de résorber cette contradiction, il faut la faire vivre. La souveraineté pensée à nouveaux frais nous le permet ; elle n'est plus un bloc mais un millefeuille ; il n'existe pas d'autres façons d'entrer les yeux ouverts dans l'ère de l'interdépendance planétaire.

**12 - Éric Monnet, *La Banque-providence. Démocratiser les banques centrales et la monnaie*, Paris, Seuil, 2021.**

**13 - Au passage, l'ultra-localisme, fût-il écologiste, n'est qu'une version plus éthiquement sympathique du nativisme, qui conduit cependant aux mêmes impasses.**

# L'illusion souverainiste

*Jean-Yves Pranchère*

À la veille de l'élection présidentielle, le débat politique français, tel qu'il se déroule dans les grands médias, est si vide qu'on pourrait croire que la France est un pays intellectuellement sinistré. C'est dans ce vide et dans l'étroitesse nationale que prospère la rhétorique de la souveraineté, tantôt sous la forme d'un appel qui reste incantatoire à la « souveraineté européenne » (sans proposition de réforme), tantôt sous la forme d'un souverainisme d'un nouveau genre, particulièrement stérile, qui propose de rester dans l'Union européenne tout en y pratiquant une politique de l'égoïsme national, de l'incivilité et de l'obstruction. Tous les camps s'en trouvent frappés.

Alors même que les ressources du projet d'une démocratie sociale et écologique se renouvellent dans des productions théoriques majeures, et que l'audience rencontrée par les combats européens d'un Raphaël Glucksmann atteste une attente politique en souffrance, la gauche politique ne s'est pas seulement amenuisée à une portion congrue de l'électorat : elle semble n'avoir d'identité que fantomatique. Du côté socialiste, elle s'est évaporée dans un vague libéralisme de centre-droit sans idées ; du côté écologiste, elle ne parvient pas à se définir politiquement ; du côté de La France insoumise, elle s'est embrumée dans un confusionnisme gazeux, mêlant le programme d'un keynésianisme national à une rhétorique « antisystème » peu discernable des ressentiments de la droite illibérale, dont elle partage la complaisance pour les dictatures de Poutine, de Bachar el-Assad et de Xi Jinping.

À droite, la prise de poids électorale s'alourdit d'une véritable chape de plomb idéologique, qu'illustre la conversion de La République en marche aux facilités du catéchisme pseudo-républicain et de la chasse aux universitaires « islamo-gauchistes ». Dans un entretien de 2020, Emmanuel Macron expliquait pourtant que le *« capitalisme contemporain »* est à un *« point de rupture »*, *« parce que c'est un capitalisme qui s'est financiarisé, qui s'est sur-concentré et qui ne permet plus de gérer les inégalités dans nos sociétés et au niveau international »*. Mais il ajoutait aussitôt : *« On n'y répond pas dans un seul pays, j'ai fait une politique d'ailleurs qui ne va pas du tout dans ce sens et je l'assume parfaitement. Aussi vrai que le socialisme n'a pas marché dans un seul pays, la lutte contre ce fonctionnement du capitalisme est inefficace dans un pays*[1]. *»* On croyait comprendre que la discordance entre politique nationale et intention européenne tenait à des contraintes stratégiques : le rapport de force avec l'Allemagne imposait à la France de donner des gages de rigueur budgétaire afin de peser par la suite dans un sens social-démocrate. Mais aucun calcul stratégique ne justifie la verticalité d'un pouvoir qui méprise les concertations pour mener des politiques hostiles aux services publics[2].

Cette dérive peut répondre à des calculs électoralistes ; elle n'en a pas moins pour effet de pousser la droite traditionnelle à la surenchère et de placer le centre de gravité du débat politique entre la droite et l'extrême droite, qui dispose désormais d'un potentiel électoral considérable et du soutien d'une vaste nébuleuse de magazines et d'émissions télévisées. Au moment où toutes les énergies devraient être tournées vers les moyens de faire face à l'enchevêtrement des crises sociale, démocratique et écologique, on assiste ainsi au spectacle consternant d'un espace public colonisé par la nostalgie pétainiste d'un Zemmour, par des mythes complotistes contre la vaccination, par des paniques morales autour d'un « wokisme » fantasmatique ou par des indignations sans objet, telles que celles qu'a suscitées la présence du drapeau européen, pendant vingt-quatre heures, sous l'Arc de triomphe.

Les causes d'une telle situation sont multiples. Les tendances à la déconsolidation de la démocratie sont mondiales : Trump, Orbán et Bolsonaro sont les figures d'une menace présente dans la plupart des démocraties libérales. Il n'est pas absurde de penser que cette menace a un lien « réactif » avec la précarisation des individus induite par des politiques qu'on peut dire « néolibérales » – au sens où elles réduisent la démocratie à

1 - Entretien avec Emmanuel Macron, « La doctrine Macron : une conversation avec le président français » [en ligne], *Le Grand Continent*, 16 novembre 2020.

2 - Voir Alain Supiot, « Emmanuel Macron n'est que le dernier avatar de la politique de dépérissement de l'État social », *Le Monde*, 28 janvier 2022.

la *« souveraineté du consommateur*[3] *»* et ne conçoivent les protections sociales que comme des adjuvants de la construction d'une société de marché.

Mais il est impossible d'invoquer ici une causalité simple. Car les succès mêmes de l'État social, offrant aux individus des ressources d'individualisation et d'ascension professionnelle, ont favorisé ce que Bernard Manin a décrit comme le remplacement de la *« démocratie des partis »* (liée à la fixité des appartenances collectives) par la *« démocratie du public*[4] *»*. Or, en l'absence d'innovations institutionnelles ajustées à cette transformation, la délibération collective risque d'être étouffée sous un simple marché politique de type publicitaire. Les mutations technologiques y contribuent, avec les effets de polarisation des réseaux sociaux. Les circonstances constitutionnelles aussi : la France souffre du caractère monarchique de son régime politique, aggravé par la réforme du quinquennat qui a fait des législatives une annexe de l'élection présidentielle. Selon une logique perverse, le défaut de représentation nourrit la méfiance envers les médiations représentatives, contre lesquelles grandit la demande confuse d'une *incarnation directe* du peuple et de l'unité nationale.

Mais cette demande ne surgit que sur l'arrière-fond d'une frustration démocratique dont l'expression initiale semble légitime, puisqu'elle se présente comme une revendication de *souveraineté populaire*. En contexte d'affaiblissement des médiations démocratiques, cette revendication prend cependant une forme ambiguë, que nomme le mot de *souverainisme*. Le surgissement et la diffusion de ce terme constituent un symptôme remarquable : en lui se manifestent à la fois un désir démocratique et le dévoiement de ce désir se trompant d'objet, fasciné qu'il est par un leurre où il croit se reconnaître alors qu'il y devient étranger à lui-même. La puissance de ce leurre demande un examen : le prestige dont bénéficie aujourd'hui l'idée de souveraineté tient aux équivoques de la notion en même temps qu'à sa charge imaginaire ; il nous oblige à distinguer l'idée démocratique du masque souverainiste qui menace de la recouvrir[5].

3 - Niklas Olsen, *The Sovereign Consumer: A New Intellectual History of Neoliberalim*, Cham, Palgrave Macmillan, 2019. Voir aussi Édouard Delruelle, *Philosophie de l'État social. Civilité et dissensus au XXI^e^ siècle*, Paris, Éditions Kimé, 2020.

4 - Bernard Manin, *Principes du gouvernement représentatif*, Paris, Calmann-Lévy, 1995 (rééd. avec une postface inédite, Paris, Flammarion, coll. « Champs essais », 2019). Voir aussi l'entretien avec B. Manin, « Les habits neufs de la représentation », *Esprit*, septembre 2017.

5 - L'expression « masque souverainiste » détourne délibérément le titre d'un article de Catherine Colliot-Thélène, « Les masques de la souveraineté », *Tumultes*, n° 40, 2013, p. 27-47, qui complète son livre indispensable, *La Démocratie sans « demos »* (Paris, Presses universitaires de France, 2011).

## *Un fétichisme de la souveraineté*

Hors du contexte québécois où il est d'abord apparu, le mot « souverainisme » doit être pris dans le sens où l'ont revendiqué, en France, des acteurs politiques qui voulaient former contre l'Union européenne un courant transpartisan, mêlant droite et gauche. Son nom même pose en principe que la souveraineté, nationale et populaire, *« est un tout, ou elle n'est rien*[6] *»*. On ne peut donc qualifier de « souverainiste » toute opposition à la construction européenne : ceux qui désespèrent de l'Union européenne parce qu'ils la jugent irréformable, au motif que le « néolibéralisme » serait incrusté trop profondément dans ses institutions, ne sont pas *ipso facto* souverainistes. On doit leur objecter que le projet d'une sortie de l'Union européenne est bien plus irréaliste que celui d'une réforme sociale de celle-ci : les conditions d'un abandon coordonné de la monnaie unique, ou d'un retour à un État-nation de taille moyenne qui ne soit ni vassalisé à une grande puissance ni livré à la puissance des marchés financiers, ou de la constitution d'une nouvelle union entre pays souhaitant échapper aux règles néolibérales sont mille fois plus difficiles à réunir que celles d'une renégociation des traités européens ou d'innovations compatibles avec les traités existants[7]. Pour autant, l'euroscepticisme ne peut être qualifié de souverainiste lorsqu'il oppose au *« constitutionnalisme de marché »* l'idéal d'une politique des *« communs »* qui refuse de se formuler dans les concepts de la souveraineté[8]. En effet, le soin collectif des biens communs exclut par définition leur appropriation par des puissances nationales que leur souveraineté autorise logiquement à exercer leur « droit » de polluer dans les limites de leur territoire.

6 - William Abitbol et Paul-Marie Coûteaux, « Souverainisme, j'écris ton nom », *Le Monde*, 30 septembre 1999.

7 - On peut renvoyer ici à la proposition faite par Gaël Giraud d'exclure les investissements verts du calcul des déficits publics (voir G. Giraud, « Financer la décarbonation », *Esprit*, mars 2020), au projet de traité de démocratisation de l'Europe porté par Thomas Piketty (voir Stéphanie Henette, Thomas Piketty, Guillaume Sacriste et Antoine Vauchez, *Pour un traité de démocratisation de l'Europe*, Paris, Seuil, 2017) ou aux analyses des possibles renversements de rapports de force intra-européens développées par Édouard Gaudot et Shahin Vallée (« La double impasse européenne. Construire un rapport de force transnational, entre désobéissance impuissante et diplomatie stérile » [en ligne], *Le Grand Continent*, 14 mai 2019).

8 - C'est notamment le cas dans les travaux de Pierre Dardot et de Christian Laval. Pour une discussion, voir Céline Spector, Justine Lacroix et Jean-Yves Pranchère, « L'Europe, terrain des luttes démocratiques », *Par ici la sortie*, n° 1, juin 2020, p. 162-173.

Le souverainisme proprement dit se définit par la thèse selon laquelle la souveraineté, comprise comme la puissance de se donner à soi-même sa loi, est le *bien politique premier*, qui précède tous les autres – ce pourquoi le souverainiste croit pouvoir prôner une sortie de l'Union européenne en tenant pour secondaire la question de savoir *où* doit mener cette sortie. C'est qu'il identifie la souveraineté à une sorte de *libre arbitre* politique, en vertu duquel le peuple pourrait « vouloir ce qu'il veut » sans que sa volonté ait d'autres limites que celles qu'elle se donne. La souveraineté, pouvoir non subordonné et non lié par un autre pouvoir, l'emporterait sur *tous* les buts du politique, puisqu'elle serait le pouvoir de se donner un but ou un autre ; elle serait neutre quant aux différences entre droite et gauche, puisqu'elle serait la liberté de choisir entre elles.

Cette définition volontariste de la politique – qui semble oublier qu'un État n'est souverain que dans la mesure où il est reconnu comme tel par d'autres États, ce qui inscrit toute souveraineté dans un système international dont elle dépend – est en réalité si peu « neutre » qu'elle soumet la liberté collective à une règle contraignante, qui est la préservation d'une identité nationale seule capable de faire d'un peuple un sujet collectif pourvu d'une *unité de volonté*. Cette exigence contredit la définition de la démocratie par le pluralisme politique (supposant l'existence, dans une même société, de volontés collectives en conflit) et par la garantie des droits sociaux assurant aux individus la disposition de ce que Rawls appelait les *« bases sociales de l'estime de soi »*.

L'affirmation souverainiste selon laquelle *« la souveraineté n'est que l'autre nom de la démocratie*[9] *»* tient sa fausse vraisemblance du fantasme d'un peuple choisissant à la manière d'un individu ayant une seule volonté[10] – la « volonté générale ». Si une telle définition aurait pu être à la rigueur validée par Lénine (à condition d'identifier la volonté générale à celle

**9 - Comme l'écrit Natacha Polony dans sa préface au livre posthume de Coralie Delaume, *Nécessaire Souveraineté*, Paris, Michalon, 2021, p. 9. Dans cette même préface, Natacha Polony n'hésite pas à donner la pénurie de masques au début de l'épidémie de Covid en illustration de la perte par la France de sa souveraineté, alors que cette pénurie n'avait aucun lien avec l'Union européenne et procédait de politiques nationales. Faire de l'Union européenne un bouc émissaire permet d'éviter d'interroger les déficiences démocratiques du régime présidentiel français.**

**10 - C'est ce fantasme unitariste qui explique qu'Aquilino Morelle, dans une émission de France Culture (11 octobre 2021), ait pu d'un même mouvement dénoncer l'Union européenne au nom de la démocratie et au nom du fait que le bouton nucléaire supposait un seul décideur – argument proprement monarchiste (et conforme aux origines monarchiques du concept de souveraineté), comme le lui fit justement remarquer Céline Spector.**

du parti supposé être l'expression des masses), elle s'oppose en réalité à la tradition socialiste (y compris marxienne) qui n'a jamais cru que les conflits du travail et du capital pouvaient se résoudre dans l'unité simple d'une volonté nationale. De Durkheim et Duguit (qui tenait la souveraineté pour un mythe métaphysique et contradictoire) jusqu'à Gurvitch, les théoriciens du droit social ont soigneusement évité d'assigner l'État à la souveraineté d'un libre arbitre collectif ; ils ont préféré le définir comme *« l'organe de la pensée sociale »* (Durkheim) ou une *« coopérative de services publics »* (Duguit), autrement dit dans les termes d'une rationalité partagée et du travail collectif d'une réflexion de la société sur elle-même, déposée dans les institutions de l'État de droit. Gurvitch définissait en conséquence la démocratie comme *« la souveraineté du droit social*[11] *»*.

En formulant le concept de la volonté générale, Rousseau avait souligné qu'elle n'était ni la volonté de la majorité ni même la *« volonté de tous »* : elle est la volonté qui vise l'intérêt général de la communauté politique, telle qu'elle est voulue par tous ses membres. La volonté générale n'est rien d'autre que la volonté de tout citoyen en tant qu'il veut son intérêt général d'individu-citoyen. C'est pourquoi chacun doit reconnaître en elle sa *propre volonté* ou sa volonté véritable, dont il ne s'écarte que par erreur (auquel cas la volonté majoritaire lui montre sa vraie volonté générale, contre laquelle les individus minoritaires ne peuvent pas avoir raison) ou par faute (parce qu'il préfère l'intérêt particulier de son groupe à son intérêt général d'individu-citoyen). Or la volonté générale ainsi définie ne peut exister que sous des conditions *« drastiques*[12] *»* : elle requiert qu'il n'y ait ni partis politiques, ni divisions sociales ; et elle exige une homogénéité populaire qui n'est possible que dans de petites cités faiblement différenciées. Dans les conditions contemporaines, cette « volonté générale » est une fiction : que la décision majoritaire doive légitimement l'emporter et que chacun doive s'y soumettre tant que ses droits sont respectés ne signifie pas que chacun doit reconnaître en elle sa véritable volonté et s'interdire de la juger erronée.

Ce caractère fictif de la « volonté générale » explique que le fétichisme de la souveraineté qui définit le souverainisme prenne finalement,

11 - Georges Gurvitch, « Le principe démocratique et la démocratie future », *Revue de métaphysique et de morale*, vol. 36, n° 3, juillet-septembre 1929, p. 403-431.

12 - Selon l'expression de Céline Spector, *No demos ? Souveraineté et démocratie à l'épreuve de l'Europe*, Paris, Seuil, 2021, p. 71.

dans le contexte français, la forme d'une simple *humeur*, qui ne cesse de s'exprimer avec vivacité, mais qui est d'autant plus irréelle qu'aucun des grands candidats qui la relaient ne propose dans son programme de sortir de l'Union européenne[13]. Initialement motivée par le désir de se soustraire à une orthodoxie économique à laquelle la crise du coronavirus a mis fin, la rhétorique souverainiste, consciente que la population française ne veut pas d'un repli national qui entraînerait un appauvrissement et une perte de puissance, se rabat sur des enjeux symboliques dérisoires (les querelles de préséance des drapeaux) ou sur des rodomontades autoritaires, proposant de remettre en cause l'État de droit lui-même à travers la Cour européenne des droits de l'homme[14].

## Les équivoques de la souveraineté

Le souverainisme tire sa force de persuasion de sa faiblesse même : c'est qu'il joue des équivoques qui grèvent depuis toujours la notion de souveraineté et en font une idée chatoyante, susceptible de faire miroiter une promesse qu'elle ne peut tenir. Comme l'a remarqué Carré de Malberg, c'est dès sa formulation par Bodin que le concept de souveraineté amalgame deux significations distinctes : la notion juridico-formelle d'une dernière instance de décision, d'un pouvoir qui n'est pas soumis à un pouvoir au-dessus de lui, et la notion positive d'une puissance étatique définie par ses *« marques »* ou son étendue[15]. Carré de Malberg notait à juste titre que la puissance étatique n'impliquait nullement la qualité de « souveraine » : une puissance publique n'a pas besoin d'être souveraine pour être réelle.

Il conviendrait sans doute d'ajouter que la positivité de la puissance étatique s'entend elle-même en deux sens différents : un sens constitutionnel (délimitant l'étendue d'un droit) et un sens matériel, défini par la

13 - Fabien Escalona, « La "souveraineté", nouveau mot-valise du champ politique » [en ligne], *Mediapart*, 4 mai 2020.

14 - Voir Fabien Escalona et Ilyes Ramdani, « Contre l'immigration, Les Républicains envisagent de désobéir au droit européen » [en ligne], *Mediapart*, 18 septembre 2021.

15 - Raymond Carré de Malberg, *Contribution à la théorie générale de l'État* [1920-1922], Paris, Dalloz, 2003, t. I, p. 76 et suiv. Cette ambiguïté se répercute dans le désaccord des juristes (qui considèrent que la souveraineté ne se partage pas) et des politistes (qui admettent la possibilité d'une *« co-souveraineté »* et de *« taux de souveraineté »*) : voir Jean-Marc Ferry, *La République crépusculaire. Comprendre le projet européen* in sensu cosmopolitico, Paris, Éditions du Cerf, 2010, p. 235.

disposition des moyens effectifs (techniques, économiques, militaires) de la puissance. Certains souverainistes semblent oublier non seulement que la puissance publique n'a pas besoin d'être souveraine pour être positive, mais que la qualité de puissance souveraine (comme pouvoir de décision en dernier ressort) ne donne par elle-même aucun des moyens matériels de la puissance. Dans les conditions contemporaines de la mondialisation et de la puissance matérielle des marchés financiers, la souveraineté, au sens formel, ne garantit pas l'autonomie stratégique : face à des puissances telles que les États-Unis, la Chine ou même la Russie, une sortie de l'Union européenne ne donnerait certainement pas aux pays européens une plus grande autonomie stratégique.

Cette première équivoque se redouble d'une tension qui traverse toute l'histoire du concept : le pouvoir souverain s'entend-il comme un pouvoir *constitué*, réglé par des lois qui le limitent en le légitimant, ou comme un pouvoir *constituant*, ne s'autorisant que de lui-même et décidant de ses propres limites ? Avant Rousseau et Sieyès, les théoriciens de la souveraineté – qui considèrent que l'unité de la volonté souveraine a pour forme politique normale la *monarchie* – ne cessent de souligner que le pouvoir du souverain est *absolu* (non soumis à un pouvoir supérieur) mais non *arbitraire*, puisqu'il est réglé par les conditions constitutionnelles de sa légitimité et par la forme contraignante des lois dans lesquelles il s'exerce. Mais cette thèse a toujours buté sur une difficulté insoluble : quel pouvoir doit décider de la constitutionnalité de la décision souveraine ? Si le souverain est le seul juge de sa propre légalité, la différence de l'absolu et de l'arbitraire s'efface, puisque la puissance du souverain s'avère incompatible avec l'existence de l'État de droit[16] ; si la légalité est évaluée par une instance indépendante (par exemple, une cour suprême), alors la souveraineté est

**Quel pouvoir doit décider de la constitutionnalité de la décision souveraine ?**

16 - C'est en ce sens que Gérard Mairet a pu écrire que *« l'État de droit,* stricto sensu, [est] *une communauté sans souveraineté »* (*Le Principe de souveraineté* [1978], Paris, Gallimard, 1997, p. 256-257). Tocqueville n'était parvenu à surmonter cette difficulté qu'en résorbant la souveraineté du peuple dans la souveraineté du genre humain (*De la démocratie en Amérique*, livre I, chap. 15) : *« Je regarde comme impie et détestable cette maxime, qu'en matière de gouvernement la majorité d'un peuple a le droit de tout faire, et pourtant je place dans les volontés de la majorité l'origine de tous les pouvoirs. Suis-je en contradiction avec moi-même ? »* Sa réponse était qu'*« une nation est comme un jury chargé de représenter la société universelle et d'appliquer la justice qui est sa loi »* : *« Quand donc je refuse d'obéir à une loi injuste, je ne dénie point à la majorité le droit de commander ; j'en appelle seulement de la souveraineté du peuple à la souveraineté du genre humain. »*

partagée entre plusieurs instances et la notion de « pouvoir suprême » vacille.

Loin de résoudre cette difficulté, l'attribution de la souveraineté au peuple n'a fait que l'aiguiser et la multiplier, puisque le peuple n'exerce pas lui-même sa souveraineté mais la délègue à des représentants (notion que Rousseau jugeait contradictoire). La souveraineté du peuple n'a pas d'autre réalité que la Constitution qui s'autorise d'elle pour fixer les procédures d'attribution de l'exercice des pouvoirs législatifs, exécutifs et constituants. La question « *qui* est le peuple ? » s'avère insoluble dès lors qu'elle est posée à la lumière de la fonction souveraine : le peuple est-il *l'ensemble des individus* qui ont le titre de citoyens ? Mais il est impossible de leur attribuer une même volonté dont la décision souveraine serait l'expression, à moins de reconnaître un droit de sécession généralisé aux groupes qui ne se reconnaissent pas dans la volonté majoritaire. Est-il *l'ensemble de ceux qui ne gouvernent pas* et n'occupent aucune fonction législative, exécutive ou judiciaire dans l'État ? Mais en ce cas, sa souveraineté n'est que nominative ou symbolique, puisqu'elle n'est exercée et détenue que par l'État. Est-il *la nation*, conçue comme une réalité permanente qui dépasse les individus et que l'État aurait pour charge de maintenir dans la durée ? Mais en ce cas, la nation est souveraine *sur* le peuple : la nation n'est pas la somme des individus composant le peuple, mais la norme formatrice du peuple et des individus.

Carré de Malberg a tiré la conséquence logique de ces difficultés : selon lui, comme l'avaient compris les révolutionnaires de 1791, la souveraineté *« réside* indivisiblement *dans la nation tout entière »* et ne peut jamais être une propriété ou un attribut des individus. La nation ne tient pas sa souveraineté des individus qui la composent ; au contraire, les individus n'ont part à la souveraineté et à son exercice qu'en vertu d'une dévolution de la nation, qui est *« souveraine en tant que collectivité unifiée », « ayant une individualité et un pouvoir à la fois supérieurs aux nationaux et indépendants d'eux*[17] *»*. Ce qui revient à dire que la souveraineté est en

17 - R. Carré de Malberg, *Contribution à la théorie générale de l'État*, *op. cit.*, t. II, p. 173 et suiv. *« La souveraineté n'a pas commencé par se former dans les nationaux, avant d'appartenir à la nation : tout au contraire, elle naît en celle-ci, et de la nation elle se communique aux citoyens, en tant qu'ils se trouvent confondus et réunis en elle »* (*ibid.*, p. 433).

fait celle de l'État, puisque *« l'État n'est pas autre chose que la nation, une fois celle-ci organisée*[18] *»*.

Pour surprenante qu'elle paraisse, cette position est la seule qui soit capable d'éviter les confusions qui naissent d'une intenable identification entre « souveraineté de la nation » et « souveraineté des individus composant le peuple ». Mais, comme on le voit, cette notion de souveraineté portée à la pleine cohérence signifie aussi bien la défaite du souverainisme, puisque la souveraineté de la nation n'est pas celle des électeurs. La conception de Carré de Malberg a le défaut (ou le mérite) de rendre impossible toute identification d'un « peuple constituant », le peuple n'étant lui-même que l'*effet* d'un moment constituant sans auteur assignable. Elle nous place ainsi devant un redoutable dilemme : ou bien elle nous oblige à tenir la « nation » pour une *réalité mystique*, dont la Constitution est une émanation et le peuple un simple représentant ; ou bien elle nous conduit à tenir le « peuple » pour une abstraction dont la souveraineté n'a pas d'autre réalité que l'ordre constitutionnel qui détermine, au sein de la collectivité politique, à quelles conditions certains sont habilités à exercer les pouvoirs souverains.

## L'irréductible pluralité démocratique

En situant le corps de la souveraineté du peuple dans la Constitution étatique, Carré de Malberg permet de franchir un pas qu'il aurait peut-être refusé, mais qui ne présente aucune difficulté de principe. Comme vient de le montrer Céline Spector dans un livre décisif, dès lors que la souveraineté du peuple se réalise dans la Constitution qui organise les pouvoirs, rien n'interdit de penser que l'exercice de cette souveraineté se pluralise dans un *« faisceau »* de compétences et de droits qui peuvent se distribuer en plusieurs instances et sur plusieurs échelons, nationaux et fédéraux (ou européens)[19]. Qu'une cour européenne contrôle le respect des droits fondamentaux (sans lesquels la souveraineté du peuple n'est qu'un vain mot), cela ne contredit ni la souveraineté des individus – au contraire ! –,

18 - *Ibid.*, p. 187 (*« L'État et la nation ne font qu'un »*). Voir de même p. 429 : *« L'État seul, c'est-à-dire l'être collectif national, est souverain. Les hommes, quels qu'ils soient, qui concourent, dans l'État, à la formation de la volonté souveraine, n'ont de la souveraineté que l'exercice et ne peuvent acquérir de droits proprement dits à cet exercice qu'en vertu de l'ordre juridique consacré par la Constitution étatique. »*
19 - C. Spector, *No demos ?*, *op. cit.*, p. 195 et suiv.

ni celle du peuple en tant que nation, ni celle du peuple en tant que partie du *« peuple européen »* que fait advenir l'unité politique européenne.

Aussi bien l'invocation souverainiste de la « souveraineté nationale » n'apporte-t-elle par elle-même aucune réponse aux problèmes qui la suscitent : les conditions de l'autonomie stratégique des États européens, de leur capacité à faire face à la crise écologique et aux impératifs de la justice sociale, de l'indépendance de la puissance publique par rapport aux marchés financiers. Une résistance cohérente aux tendances de l'Union européenne à constitutionnaliser des politiques néolibérales (qui devraient rester soumises à la délibération démocratique) devrait plutôt faire fond sur la nécessité d'opposer à l'absolutisation des libertés du marché un constitutionnalisme des droits sociaux impliqués dans les droits humains fondamentaux. L'enjeu décisif n'est pas de « récupérer » *formellement* une souveraineté nationale qui se serait perdue dans la construction européenne ; il est de *conforter* l'autonomie stratégique des nations européennes par une puissance publique européenne digne de ce nom ; il est de *démocratiser* aussi bien la souveraineté nationale que les institutions européennes[20].

À la définition souverainiste de la démocratie par la toute-puissance d'une volonté ne s'autorisant que d'elle-même, il faut opposer une définition solidariste de la démocratie, qui reconnaît la *dépendance* de la collectivité politique à l'égard d'une *dette sociale* et d'une *dette environnementale* dont elle a la charge. La « volonté générale » ne peut pas être l'affirmation absolue d'une subjectivité collective ; l'autonomie démocratique n'est pas une décision créatrice de ses propres normes, mais la mise en œuvre d'une rationalité collective qui s'élabore dans le patient travail de ce que Claude Lefort nommait le *« déchiffrement de la société par elle-même*[21] ». Ce travail de déchiffrement ne peut jamais se réduire à l'unité d'un pouvoir ou d'une « souveraineté » sur soi qui annulerait la division sociale et la pluralité des foyers de la loi, du savoir, de la production et du

**À la définition souverainiste de la démocratie par la toute-puissance d'une volonté ne s'autorisant que d'elle-même, il faut opposer une définition solidariste de la démocratie.**

20 - Voir les précieuses réflexions de Nicolas Leron, « Les faux-semblants de la souveraineté européenne », *Esprit*, mai 2019.

21 - Claude Lefort, *L'Invention démocratique. Les limites de la domination totalitaire* [1981], Paris, Fayard, 1994, p. 70.

gouvernement[22]. C'est pourquoi la démocratie doit d'abord être définie comme une forme de société qui assure l'égalité des droits et des capabilités des acteurs sociaux, dans le cadre d'institutions politiques participatives qui réalisent la solidarité et qui promeuvent la qualité de l'éducation et de la délibération collectives.

Cela ne signifie pas qu'il faille abandonner l'idée de souveraineté. Laissons ouverte la question de savoir s'il est pertinent, ou trop risqué, de l'utiliser efficacement d'un point de vue rhétorique, mais conceptuellement abusif, pour désigner une autonomie stratégique ou une puissance publique partagée. Le concept même de souveraineté reste en tout cas irréductible à trois titres au moins. Tout d'abord, il désigne positivement la qualité de certaines compétences de décision en dernière instance ; en particulier, il nomme la capacité qu'ont les États de prendre des engagements envers d'autres, d'entrer dans des traités internationaux et, dans certaines conditions, de s'en retirer. En ce sens juridique et formel, l'Union européenne maintient la souveraineté des États membres qui disposent d'un droit de retrait. Ensuite, l'idée de souveraineté garde une indispensable signification négative (qui n'exclut nullement la possibilité d'une « co-souveraineté ») : être souverain, c'est *ne pas être soumis à la souveraineté d'un tiers*. Enfin, l'idée de « souveraineté du peuple » continue à nommer un principe fondateur de la démocratie, selon lequel la délibération collective ne reconnaît pas d'autorité transcendante, que ce soit celle d'une cléricature religieuse ou celle d'un corps de technocrates professant une orthodoxie. Elle n'est limitée, de manière « horizontale » ou immanente, que par les droits imprescriptibles qui assurent la possibilité même d'une libre délibération en garantissant l'intégrité, la liberté et l'égalité en droit de tous.

Mais, comme l'a montré Claude Lefort, l'idée de « souveraineté du peuple » a précisément pour conséquence l'impossibilité que le peuple *s'incarne*. Le peuple souverain n'est pas un Prince : il n'est que le *nom*

22 - À de telles définitions de l'autonomie, il sera toujours possible d'objecter la mise en garde de Hannah Arendt : « *La fameuse souveraineté des corps politique a toujours été une illusion qui, en outre, ne peut être maintenue que par les instruments de la violence, c'est-à-dire par des moyens essentiellement non politiques.* […] *Là où des hommes veulent être souverains, en tant qu'individus ou que groupes organisés, ils doivent se plier à l'oppression de la volonté, que celle-ci soit la volonté individuelle par laquelle je me contrains moi-même, ou la "volonté générale" d'un groupe organisé. Si les hommes veulent être libres, c'est précisément à la souveraineté qu'ils doivent renoncer.* » (H. Arendt, « Qu'est-ce que la liberté ? » [1958], trad. par Agnès Faure et Patrick Lévy, dans *La Crise de la culture*, Paris, Gallimard, coll. « Folio essais », 1989, p. 214).

*commun* d'une *pluralité sociale* dont l'image est toujours fictive. Selon un paradoxe qui n'est qu'apparent, la seule traduction possible de la souveraineté du peuple est que, alors même que le pouvoir politique est *réellement* exercé par des élus, le lieu de la souveraineté doit rester *symboliquement* un *« lieu vide »*, personne ni aucun groupe ne pouvant prétendre *« être le peuple*[23] *»*. Pour le dire dans un vocabulaire d'origine lacanienne que Lefort n'hésitait pas à utiliser, il faut que le symbolique ne se laisse pas absorber par la puissance de l'imaginaire : l'*image* du peuple, qui rayonne de la plénitude d'une impossible unité *imaginaire*, risque d'être un miroir trompeur où la démocratie s'aliène et perd le sens de son institution *symbolique* – qui est celle d'un *écart irréductible* entre la pluralité sociale, les droits de l'espace de la délibération et l'exercice du pouvoir par des représentants qui ne peuvent pas prétendre *être* le peuple souverain. L'ordre symbolique de la souveraineté du peuple, en ce sens, s'institue sur l'*absence* du peuple souverain et de sa volonté générale, que suppléent les dispositifs réglés de la représentation et les revendications « sauvages » de la contestation sociale. C'est pourquoi cette souveraineté peut se distribuer sur une pluralité d'instances : dans son principe, elle serait mieux réalisée par les complications d'une *« double démocratie »*, nationale et européenne, que par l'imaginaire « unité républicaine » d'une souveraineté faiblement démocratique[24].

23 - C. Lefort, *L'Invention démocratique*, *op. cit.*, p. 92 : *« La démocratie allie ces deux principes apparemment contradictoires : l'un, que le pouvoir émane du peuple ; l'autre, qu'il n'est le pouvoir de personne. »*

24 - Michel Aglietta et Nicolas Leron, *La Double Démocratie. Une Europe politique pour la croissance*, Paris, Seuil, 2017.

# Qu'est-ce qu'un peuple européen ?

***Entretien avec Céline Spector***

***Philosophe, professeure de philosophie politique à Sorbonne Université, vous êtes spécialiste de la philosophie des Lumières et de son héritage, et plus particulièrement de Montesquieu. De longue date vous pensez également la démocratie dans le cadre de l'Europe, dont vous avez notamment fait une généalogie intellectuelle[1]. Votre dernier livre prolonge une partie de ces réflexions pour évoquer les évolutions politiques de l'Union européenne aujourd'hui[2]. Vous y plaidez pour une transformation possible et même nécessaire de l'Europe, dans le sens d'une intégration plus poussée. À l'heure du Brexit et de la force de séduction des discours nationaux-populistes à la Viktor Orbán, et alors que le début de la campagne électorale française a plutôt donné lieu à une surenchère de propos souverainistes, estimez-vous être à contre-courant ? Comment interprétez-vous ce moment européen ?***

Je pense que nous vivons un moment hamiltonien. Il y a un vrai *kairos*, un « moment opportun ». L'accord trouvé sur le plan de relance européen a marqué une étape importante. L'Allemagne, notamment, a beaucoup évolué et un alignement des astres a eu lieu au printemps dernier. Dans le même temps, pour les pays d'Europe centrale et orientale qui ont récemment recouvré leur souveraineté, la perspective d'une fédéralisation accrue s'apparente toujours à une forme dissimulée d'impérialisme. Même dans un pays comme la France, l'hypothèse fédéraliste est tenue à distance. Le vote en faveur du Brexit a marqué un tournant :

1 - Antoine Lilti et Céline Spector (sous la dir. de), *Penser l'Europe au XVIII<sup>e</sup> siècle. Commerce, civilisation, empire*, Oxford, Voltaire Foundation, 2014.
2 - C. Spector, *No demos ? Souveraineté et démocratie à l'épreuve de l'Europe*, Paris, Seuil, 2021.

avec lui sont réapparues des tendances centrifuges, qui vont dans le sens d'une dissolution de l'Union européenne. Le 7 octobre 2021, lorsque le Tribunal constitutionnel polonais, sous l'influence de la majorité nationale-conservatrice du PiS (Droit et justice), conteste la primauté du droit européen, il met en péril la clé de voûte de notre ordre juridique actuel. Il faut donc prendre au sérieux les tendances à la fédéralisation accrue autant que les tendances à la dissolution, voire à la sécession, qui mobilisent les forces souverainistes de gauche comme de droite.

***Votre livre fait le pari d'une « République fédérative européenne », qui puiserait ses conditions de possibilité davantage dans* L'Esprit des lois *de Montesquieu que dans* Du Contrat social *de Rousseau. Vous y évoquez également la pensée des fédéralistes américains. Les États-Unis d'Amérique pourraient donc servir de modèle ?***

Malgré la différence des contextes, qui n'a rien d'anodin, le modèle de la République fédérative théorisé par Montesquieu au XVIII^e siècle, puis reconfiguré par James Madison et Alexander Hamilton au moment des débats sur la ratification de la Constitution fédérale américaine en 1787, peut à bon droit nous inspirer, dans la mesure où il permet de concevoir une forme de fédération démocratique européenne.

Dans l'œuvre de Montesquieu, la République fédérative se fonde sur un pacte entre États visant leur commune défense : face aux risques de conquête, une République ne peut survivre que lorsqu'elle se fédère avec d'autres en une *« société de sociétés »*. L'association forme une entité supérieure, dont les membres ne disposent plus de toutes leurs compétences, en matière de politique étrangère notamment. D'un autre côté, l'association des États ne dissout pas pour autant leur souveraineté : *« la confédération peut être dissoute*, écrit Montesquieu, *et les confédérés rester souverains »*. En même temps, *L'Esprit des lois* propose une théorie de la distribution et de l'équilibre des pouvoirs législatif, exécutif et judiciaire afin de préserver la liberté politique. Les fédéralistes américains, au moment de rédiger la Constitution de 1787, conçoivent l'idée d'une République fédérative à partir de ce modèle des *checks and balances*, et en mobilisant davantage le vocabulaire de la souveraineté. En partant du principe de la souveraineté populaire, ils repensent la distribution des pouvoirs dans un cadre fédéral.

Cette vision des institutions est en rupture avec ce qui se faisait alors en Europe, et même en Angleterre. En instituant le Sénat, les fédéralistes américains donnent une voix égalitaire aux États, en lieu et place d'une représentation des aristocrates à la Chambre des Lords. Ils proposent un modèle nouveau de souveraineté partagée, défendu par Madison dans son *Essai sur la souveraineté* de 1835. Mais pour les antifédéralistes qui s'opposent à Madison et à Hamilton, la souveraineté ne peut précisément être partagée ; elle reste associée à ses propriétés classiques depuis Hobbes : unité, indivisibilité, inaliénabilité, perpétuité, absoluité. Il reste que les fédéralistes américains trouvèrent la parade : l'exercice de la souveraineté peut être distribué entre le niveau fédéral et le niveau local, à condition que sa source unitaire réside dans le peuple, dont tout pouvoir émane. La souveraineté s'apparente alors à un faisceau de droits, ou à un ensemble de compétences.

***Vous défendez cet idéal fédéraliste contre les humeurs souverainistes qui s'expriment aujourd'hui en Europe. Mais au même moment, un certain nombre d'équilibres trouvés dans le fédéralisme américain font de nouveau l'objet de débats parfois très vifs outre-Atlantique. Le trumpisme peut-il se comprendre comme une forme de souverainisme américain ?***

Effectivement. Sur le long terme, les États-Unis ont vu s'accroître le pouvoir fédéral, non sans flux et reflux. En ce qui concerne l'avortement ou la peine de mort, les Américains débattent encore de qui décide en dernier ressort, entre l'État fédéral et les États fédérés. Or ce conflit de souveraineté est, toutes proportions gardées, celui que nous vivons en Europe. Ce qui m'intéresse, c'est ce que suggère Tocqueville lorsqu'il se rend aux États-Unis entre 1831 et 1832, et qu'il observe le tout jeune modèle fédéral américain. Il comprend parfaitement qu'il s'agit là d'une souveraineté divisée, avec ses conditions de possibilité matérielles et culturelles. Ces deux niveaux de souveraineté peuvent toujours être en tension, et il relève de l'art du législateur de parvenir à les concilier.

***On entend souvent dire que si la démocratie est fragile à l'échelle des États membres de l'Union européenne, elle le serait plus encore à l'échelle du continent. Mais vous inversez cette logique, pour défendre***

***l'idée que ce que nous n'avons pas réussi dans nos États-nations, nous pourrions le construire à l'échelle européenne. Vous écrivez :* « Le mythe du peuple souverain absolu doit disparaître au profit d'une vision réaliste de la démocratie. » *Le pari n'est-il pas tout de même audacieux ?***

Je ne suis pas une théoricienne de la post-souveraineté. Je ne m'inscris pas davantage dans le sillage de Hannah Arendt, qui voulait renoncer au concept de souveraineté. Pour autant, l'argument d'Arendt était très intéressant dans une perspective antitotalitaire et anti-impérialiste. En récusant le modèle rousseauiste qui fait dériver la souveraineté de la volonté, Arendt refusait l'analogie fallacieuse entre individu et État, qu'elle considérait comme une forme de fantasme de liberté absolue. En 1954, au moment de l'échec de la Communauté européenne de défense, Arendt écrivit un article intitulé « L'Europe et l'Amérique », où elle rejoignait le fédéralisme de Montesquieu, et appelait de ses vœux le déclin de l'État-nation qui avait bradé les droits de l'homme[3]. De mon côté, je fais plutôt le pari des métamorphoses possibles du concept de souveraineté. Je ne renonce pas au concept, parce que je crois que la philosophie politique ne doit pas utiliser un autre langage que la politique elle-même. Or la situation politique actuelle appelle l'usage du concept de souveraineté. Les débats préparatoires au Brexit se sont faits « au nom de la souveraineté » et la géopolitique contemporaine se conçoit dans un monde d'« États souverains », qui se comportent parfois comme des empires. La Chine, la Russie ou la Turquie revendiquent leur souveraineté et même son extension. Renoncer au vocabulaire de la souveraineté signifierait renoncer à ce que la philosophie politique normative puisse avoir des effets dans le monde, là où des luttes pour la souveraineté ont lieu. Je m'y refuse. Il faut plutôt repenser la souveraineté à partir de sa généalogie complexe.

Dans la vie politique française, en particulier, il existe un fort décalage entre l'imaginaire de la souveraineté et la vie politique réelle. L'imaginaire politique français est largement fondé sur une vision simplifiée de la souveraineté rousseauiste, c'est-à-dire la souveraineté populaire telle qu'elle s'est retraduite au moment de la Révolution française, quand la

**3 - Hannah Arendt, « L'Europe et l'Amérique » [1954], dans *Penser l'événement*, traduit sous la direction de Claude Habib, Paris, Belin, 1989.**

*« souveraineté du peuple »* est devenue *« souveraineté de la nation »*. Or Rousseau jugeait impossible l'application des principes de la souveraineté du peuple à l'échelle d'un État-nation comme la France. À ce titre, c'est souvent à mauvais escient que l'auteur du *Contrat social* est convoqué dans certains discours souverainistes. D'où la nécessité d'engager les métamorphoses de la souveraineté, mais lesquelles ? Je pense qu'il faut désormais contourner une vision monolithique et monopolistique du concept, telle qu'elle a pu être conçue par Jean Bodin, Hobbes ou Rousseau, grâce auquel la souveraineté monarchiste est devenue populaire. Face à cette tradition, je tente d'exhumer une autre généalogie qui, depuis Madison, revendique la souveraineté partagée et la distribution des pouvoirs. Je pense la souveraineté comme un faisceau de droits et un ensemble de compétences. Le véritable enjeu est de comprendre comment distribuer ces pouvoirs, et comment penser leur articulation.

***Cette conception renouvelée de la souveraineté pourrait-elle, en retour, permettre d'inverser les tendances à la régression démocratique que l'on constate aujourd'hui ? Outre la nécessité géopolitique de s'opposer aux nouvelles logiques impériales dont vous venez de parler, quels sont aujourd'hui les ressorts politiques du projet européen ?***

L'Union européenne se voit reprocher d'être une « union par le droit » souffrant d'un déficit démocratique. J'essaie de prendre au sérieux les argumentaires souverainistes allant en ce sens. Celui du poids des institutions non élues, du faible pouvoir du Parlement européen, cantonné à une fonction d'amendement sans droit d'initiative législative, celui des partis politiques européens sans véritable substance, marqués par une dévitalisation électorale… La citoyenneté européenne paraît abstraite, liée uniquement à une citoyenneté de marché associée à des droits politiques très faibles. L'Union souffre effectivement de dépolitisation, mais il n'est pas impossible d'y remédier. Par exemple, le Parlement européen pourrait voir son rôle d'arène démocratique s'accroître si on lui accordait un véritable droit d'initiative législative, à parité avec la Commission, ainsi qu'un budget plus important. La démocratie environnementale peut également revitaliser les collectifs citoyens autour d'enjeux européens. Nous ne pouvons mener la transition énergétique qu'au niveau européen, en attente d'une hypothétique coordination au niveau mondial. C'est un enjeu qui peut mobiliser de nobles passions politiques. J'essaie d'appréhender cette dimension « passionnelle », car elle est fondamentale pour revitaliser la démocratie européenne. Il faut penser le bon échelon de la démocratie, et plus généralement des politiques publiques. À cet égard, je suis favorable à une application stricte du principe de subsidiarité, principe de dévolution du pouvoir en vertu duquel les décisions doivent être prises au plus près possible des personnes qu'elles concernent. Mais il existe des « biens publics » qui ne peuvent être produits, financés et démocratiquement administrés qu'à l'échelle européenne. Parmi eux, la transition écologique et énergétique, mais aussi la sécurité commune et le numérique. Ces « biens publics » relèvent d'intérêts communs européens, sans pour autant remettre en cause l'existence des États-nations.

***Vous soutenez que le* demos *ne préexiste pas à la démocratie, mais qu'il en surgit comme son effet. Comment l'Europe peut-elle rester une « demoï-cratie », ce « nous » plus fécond dont vous parlez ?***

J'ai voulu revenir sur le concept controversé de « peuple européen ». D'abord, quelle définition du « peuple » mobilise-t-on ? Depuis Hobbes, le « peuple » diffère de la « multitude » en vertu de l'unification politique des jugements singuliers et des volontés particulières ; c'est ce qui différencie le « peuple civique » du « peuple ethnique », et nous permet de théoriser le « peuple » autrement que du point de vue d'un *demos* homogène, substantiellement uni par des croyances communes. J'essaie dans mon livre de reformuler le débat classique entre, d'un côté, le « peuple-contrat » et, de l'autre, le « peuple-génie » en repensant leur articulation. À cette aune, la démocratie européenne doit être fondée sur une dialectique entre identité politique et identité culturelle – ce que je tente d'analyser à l'occasion d'un dialogue avec Jürgen Habermas. Habermas conçoit le peuple comme une association de sujets de droits libres et égaux, unis par une solidarité civique entre étrangers. Contre Carl Schmitt, il évite ainsi le schème de la similarité entre compatriotes d'une même nation ou d'un même peuple *(Volk)*. La démocratie n'est plus *« l'autoaffirmation, l'autoconfirmation et l'autoréalisation d'une nation dans sa particularité*[4] *»*, ce qui libère la possibilité d'une fédération démocratique

4 - Jürgen Habermas, *L'Intégration républicaine. Essais de théorie politique*, trad. par Rainer Rochlitz, Paris, Fayard, 1998.

plurinationale et pluriethnique. Même si Habermas a amendé sa position fédéraliste initiale, il pose le réquisit d'une Europe politique qui prend acte de la fin du mythe de la « volonté générale » dans sa version schmittienne.

Cela ne signifie pas qu'il faille négliger l'identité culturelle européenne, ni bien sûr la réduire à une identité religieuse. Le « club des démocraties européennes » n'est pas un « club chrétien ». Il faut un « travail du négatif », une réflexivité critique sur l'histoire européenne et la mémoire des guerres ; une réflexion, aussi, sur l'héritage du droit romain, sur les structures de la féodalité, etc., sans pour autant nier les différences culturelles. L'Europe est un ensemble de *demoï* qui doivent conserver leur culture singulière. Il ne s'agit nullement d'homogénéiser les mœurs de manière factice. Le peuple européen, c'est l'association de différents peuples considérés comme libres et égaux, qui forment un contrat social et se donnent des institutions communes pour affronter ensemble ce qu'ils ne peuvent surmonter seuls. Ce qui m'intéresse chez Habermas, quand il pense la *« transnationalisation »* de la souveraineté du peuple, c'est justement le fait qu'il parte du contrat social entre les individus et les peuples, sur la base de leur libre volonté. Je suis aussi séduite par le second Habermas, celui qui a coécrit en 2003 une tribune avec Jacques Derrida, et qui défend ce qu'il appelle *« le processus herméneutique d'auto-interprétation »* de l'Europe. Derrida et Habermas reconnaissent la sécularisation plus avancée des sociétés européennes, ou encore leur confiance dans les capacités de régulation de l'État. Face aux États-Unis notamment, les auteurs évoquent la défense plus répandue de l'État-providence, une sensibilité plus grande aux atteintes portées à l'intégrité personnelle (contre la torture et la peine de mort), ou encore la défense d'un ordre international multilatéral[5].

**Le peuple européen, c'est l'association de différents peuples considérés comme libres et égaux, qui forment un contrat social et se donnent des institutions communes pour affronter ensemble ce qu'ils ne peuvent surmonter seuls.**

5 - Jacques Derrida et J. Habermas, « Europe : pour une politique extérieure commune », *Libération*, 21 mai 2003.

***Dans votre livre, vous écrivez que* « l'Europe révèle et amplifie notre désenchantement démocratique »*, et vous ajoutez que, pour constituer une démocratie, l'Union européenne a besoin d'un nouveau* telos. *N'y a-t-il pas une dimension messianique dans votre projet ?***

Sans doute ! Comme l'a souligné Étienne Balibar, dans la notion de peuple il y a la notion de *demos*, d'*ethnos*, de *plethos* (« la masse »), mais aussi celle de *laos*, c'est-à-dire le peuple dans sa dimension d'élection. À mes yeux, les grandes raisons d'être du projet européen, à savoir la paix, la prospérité et la liberté, doivent s'accompagner d'un nouveau *telos*, à savoir la solidarité. Le dernier chapitre de mon livre, qui s'intitule « L'Europe sociale aura-t-elle lieu ? », laisse entrevoir une solidarité entendue non seulement comme on l'appréhende déjà dans les traités, c'est-à-dire un principe de coopération loyale entre les États membres, mais aussi au sens de la justice sociale : pour être légitime, l'Union doit protéger face aux risques spécifiques créés par l'européanisation. Ce nouveau *telos* devrait aussi permettre de remédier à l'asymétrie actuelle entre un ordre économique fédératif fondé sur les deux grands principes du droit européen (la libre circulation et la non-discrimination sur la base de la nationalité) et un ordre politique qui reste pour l'essentiel coopératif, avec un primat de l'intergouvernemental sur le supranational. Remédier à cette asymétrie, c'est lutter contre les injustices créées par le marché intérieur européen. Les effets pervers dénoncés, le *dumping* social ou le *dumping* fiscal par exemple, sont réels. Il nous faut donc défendre la justiciabilité des droits sociaux stipulés par la Charte des droits fondamentaux, ce que le Royaume-Uni a toujours refusé – provoquant un déséquilibre entre la protection des libertés économiques et des droits sociaux dans la jurisprudence de la Cour de justice de l'Union européenne.

Cela ne signifie pas que l'Europe sociale n'ait jamais avancé. En réalité, le bénéfice de la protection sociale d'abord attaché aux « travailleurs migrants » circulant entre les États membres s'est progressivement étendu, d'abord aux familles, puis aux demandeurs d'emploi, et enfin à tout citoyen pouvant attester d'un « lien réel » avec son pays d'accueil, matérialisé souvent par cinq ans de résidence. Du fait de la jurisprudence de la Cour de justice, les États-providence ont été contraints à s'ouvrir. C'est un progrès réel dans une perspective de justice sociale, puisque cela réduit la portée du privilège arbitraire de la nationalité au sein de l'Union. Mais cette ouverture des États-providence a un coût qu'il faut compenser, pour que les pays attractifs ne soient pas mis en difficulté par l'afflux de ressortissants d'autres États membres – un argument utilisé en Angleterre en faveur du *Leave*. Sans prôner l'uniformisation, nous devons à la fois pallier les effets pervers du marché intérieur et réduire les déséquilibres produits par la libre circulation des citoyens. Je ne suis pas favorable à la création d'un « super-État social » qui se substituerait aux États-providence actuels, mais plutôt à la mise en place de normes communes et de fonds compensateurs.

***Le clivage entre pro-européens et souverainistes est-il appelé à structurer durablement le champ politique français ?***

La question du souverainisme est centrale. Cela ne signifie pas que le nouveau clivage créé par la défense de la souveraineté, qu'elle soit nationale ou européenne, a remplacé l'opposition droite-gauche en France. Mais ce clivage pourrait conduire à la ruine de la social-démocratie, car celle-ci est fracturée depuis les débats de 2005 relatifs au Traité constitutionnel européen. Il faut donc regarder au-delà de nos frontières et trouver, peut-être, une source d'inspiration dans certaines propositions audacieuses de la coalition allemande.

*Propos recueillis par Anne-Lorraine Bujon et Quentin Regnier*

# Reprendre le contrôle ?

## Relances et ambiguïtés de la souveraineté

*Jean-Claude Monod*

Comme d'autres piliers de l'organisation politique moderne du monde, la souveraineté n'a cessé d'être « en crise ». Le juriste Carl Schmitt, qui définit la souveraineté par la capacité à décréter l'état d'exception et à suspendre l'ordre juridique normal, écrit ainsi en 1963 : *« L'ère de l'État est à son déclin*[1]. *»* Selon lui, la figure classique de l'État souverain était secouée par les mouvements révolutionnaires transnationaux des années 1960, par la constitution d'un nouveau droit international, par la *« déterritorialisation »* liée aux échanges économiques, etc.

Mais la souveraineté a paru se reconfigurer, voire se renforcer à la faveur d'autres « crises ». Ce fut le 11-Septembre et la réaffirmation unilatérale de la puissance américaine, se déliant de bon nombre d'obligations et conventions internationales pour mener la *war on terror*. Ce fut le Brexit, à contre-courant du mouvement historique de la construction européenne. Ce sont encore les « reprises en main » d'Internet par l'État chinois ou, dans une moindre mesure, russe. C'est enfin la crise sanitaire, qui a suscité des appels non seulement à une « relocalisation » industrielle, mais à la reconquête d'une forme de *« souveraineté nationale et européenne*[2] *»*.

Gageons donc que nous n'en avons pas fini avec la souveraineté. Mais observons aussi que celle-ci a connu de profondes métamorphoses

1 - Carl Schmitt, préface [1963] à *La Notion de politique* [1932], trad. par Marie-Louise Steinhauser, préface de Julien Freund, Paris, Flammarion, 2009. Sur la crise de la souveraineté, voir aussi Simone Goyard-Fabre, « Y a-t-il une crise de la souveraineté ? », *Revue internationale de philosophie*, n° 179, 1991, p. 459-496 ; et Antonio Negri, « La souveraineté aujourd'hui : entre vieilles fragmentations et nouvelles excédences », *Tracés*, hors-série, 2008, p. 101-119.

2 - Déclaration d'Emmanuel Macron, dans une fabrique de masques près d'Angers, le 31 mars 2020.

durant les dernières décennies, qui sont pour quelque chose dans le trouble démocratique contemporain. C'est à ce point de jonction, à la fois problématique et incontournable, entre démocratie et souveraineté, que nous nous attachons ici, d'abord en remontant dans l'archéologie de la « souveraineté du peuple », ensuite en évoquant quelques-unes des critiques qui lui ont été adressées, enfin en examinant les expressions actuelles d'une « demande de souveraineté ».

## Aporie de la souveraineté

La souveraineté a pu être vue successivement – et parfois simultanément – comme le principe démocratique par excellence (en tant que souveraineté du peuple) et comme l'héritage aliénant d'une représentation monarchique et religieuse. Jacques Derrida a exprimé le plus nettement cette ambivalence, en évoquant une *« aporie de la souveraineté*[3] *»*. Cette aporie peut s'énoncer simplement : il n'y a pas de démocratie sans souveraineté du peuple, mais la souveraineté est toujours susceptible de se détacher du peuple et de se retourner contre lui.

Le registre théologique, où le concept a l'une de ses sources et qui fournit à la pensée juridique une série d'analogies, fait du souverain « celui qui n'a personne au-dessus de lui », et le place donc au-dessus de tous les membres du corps politique et de toutes les autres instances qui participent à l'élaboration des lois (comme les Parlements). Dans cette perspective, le roi pouvait être décrit comme *« lieutenant de Dieu sur terre »*, fondé à exiger de ses sujets, plus ou moins arbitrairement, le sacrifice de leur vie – soit à travers le *« mourir pour la patrie*[4] *»*, soit à travers l'exercice de la peine de mort. Le souverain est à la fois celui qui décide en dernière instance et celui qui peut demander sa vie au sujet. Ainsi Derrida souligne-t-il le lien entre souveraineté et *« droit de vie et de mort »*, et inscrit-il la souveraineté dans l'orbite d'un *« théologico-politique »* qu'il s'agirait de penser à partir de la peine de mort[5].

3 - Jacques Derrida, *Voyous*, Paris, Galilée, 2003.
4 - Ernst H. Kantorowicz, *Mourir pour la patrie et autres textes* [1949], trad. par Laurent Mayali et Anton Schütz, présentation de Pierre Legendre, Paris, Presses universitaires de France, 1984.
5 - J. Derrida, *Séminaire. La Peine de mort, I (1999-2000)*, édition établie par Geoffrey Bennington, Marc Crépon et Thomas Dutoit, Paris, Galilée, 2012.

Et Derrida s'interroge sur ce qui perdure de cette logique après le transfert de la souveraineté du roi vers le peuple, après la refondation de la politique moderne sur le principe de la souveraineté populaire, dans le passage d'une interprétation *« paterno-centrique »* du politique (l'analogie entre Dieu, le Père et le Roi est centrale dans la théologie politique absolutiste) à une interprétation *« fraterno-centrique »* (la conjuration révolutionnaire des « frères » contre le roi-père)[6]. D'un côté, ce transfert n'a pas été sans une certaine « dés-absolutisation » de la souveraineté qui, pour les pensées fondatrices de la politique moderne, est issue de la volonté des individus de former un corps politique. Cette dés-absolutisation est certes relative, comme on le voit chez Hobbes lorsqu'il présente le Léviathan, *« corps artificiel »* formé pour protéger les individus de la mort violente, comme un *« dieu mortel »*. Mais un processus de dés-absolutisation est bien à l'œuvre dans les théories du contrat social : elles fixent des limites à l'obéissance des sujets au souverain.

Se creuse ainsi le sillon de la critique, aiguisée par les Lumières et poursuivie par certains acteurs de la Révolution française, des transcendances imaginaires dont le pouvoir se pare : l'idée de souveraineté ne conserve-t-elle pas quelque chose des *« superstitions royales*[7] *»* ? Même si Derrida reste à notre sens trop tributaire du schéma de sécularisation-transfert de Carl Schmitt[8], au risque d'atténuer l'importance de certaines ruptures modernes, on peut observer avec lui ce processus de *« déconstruction »* de la souveraineté.

Cette exigence de dés-absolutisation de la souveraineté s'est assurément renforcée après l'expérience des guerres mondiales. Au sortir de la Première Guerre mondiale, la Société des Nations condamne la *« guerre d'agression »* et considère qu'un État-nation qui s'y livre s'expose à de légitimes répliques internationales. Au sortir de la Seconde Guerre mondiale, la souveraineté fut doublement mise en cause. D'abord, l'arrivée au

6 - J. Derrida, *Politiques de l'amitié*, Paris, Galilée, 1994.

7 - Emmanuel-Joseph Sieyès a développé cette critique dans son discours à la Convention du 2 thermidor an III (20 juillet 1795) : *« Ce mot* [de souveraineté] *ne s'est présenté si colossal devant l'imagination que parce que l'esprit des Français, encore plein des superstitions royales, s'est fait un devoir de le doter de tout l'héritage de pompeux attributs et de pouvoirs absolus qui ont fait briller les souverainetés usurpées. »*

8 - Voir Jean-Claude Monod, « "Penser le théologico-politique à partir de la peine de mort". Le souverain, les Lumières et la déconstruction », dans Marc Crépon, Jean-Louis Halpérin et Stefano Manacorda (sous la dir. de), *La Peine de mort. Vers l'abolition absolue ?*, postface de Robert Badinter, Paris, Éditions rue d'Ulm, 2016.

pouvoir de Hitler a prévenu nombre d'observateurs contre une certaine mystique de la volonté générale, censée, d'après Rousseau, ne pas pouvoir *« errer »*. La souveraineté populaire n'est pas plus infaillible qu'une autre. Ensuite, la manifestation d'un *« exercice criminel de la souveraineté étatique »*, à l'endroit des minorités en particulier, a donné naissance à un nouveau droit international « en transition », où l'inviolabilité de la souveraineté étatique-nationale admet des exceptions, précisément lorsqu'un État en agresse un autre ou massacre une partie de sa population[9].

## *Exclusion et arbitraire de la souveraineté*

Il y a une face d'exclusion de la souveraineté étatique-nationale qui peut se manifester par l'octroi ou l'exclusion de la citoyenneté et/ou de la nationalité sur un mode arbitraire, comme cela a été en particulier le cas sous Vichy. Cet « État français », certes doté d'une « souveraineté » fantoche puisque sous contrôle allemand, a usé de cette prérogative en dénaturalisant 15 000 personnes – en « copiant » sans doute une loi nazie (du 14 juillet 1933) pour l'occasion[10]. Derrida renvoie d'ailleurs sa conception de l'arbitraire de la souveraineté à une expérience traumatique, en tant que jeune Français juif d'Algérie : l'abrogation du décret Crémieux par Vichy[11].

La question de la dénaturalisation demeure un point sensible précisément parce qu'elle rappelle des précédents de violence – « légale » et symbolique, mais préludant à des violences réelles, y compris génocidaires – et d'arbitraire de l'État qui renvoient à la période traumatique de Vichy. Aux États-Unis, c'est dans le cadre de l'examen de cas contestés de dénaturalisation que le motif juridique d'une certaine « souveraineté du citoyen » a été mis en avant en 1967 par la Cour suprême, renvoyant à une forme de droit fondamental que l'État ne peut violer[12].

9 - Voir Jürgen Habermas, *Zeit der Übergänge*, Francfort-sur-le-Main, Suhrkamp, 2001.

10 - Voir Patrick Weil, *Qu'est-ce qu'un Français ? Histoire de la nationalité française depuis la Révolution*, Paris, Gallimard, 2004.

11 - J. Derrida, *Le Monolinguisme de l'autre*, Paris, Galilée, 1996, chap. 3. À cet égard, il est navrant – et révoltant – que Derrida ait été assimilé par le ministre de l'Éducation à une souche de *« virus »* (« wokiste », « décolonial », « déconstructeur », etc.). Jean-Michel Blanquer reprenait ainsi un registre « immunitaire » dont Derrida a montré la prégnance dans la rhétorique nationaliste et xénophobe.

12 - P. Weil, « "Le citoyen est souverain, pas l'État". Comment la dénaturalisation a révolutionné la citoyenneté américaine », *Informations sociales*, n° 177, 2013, p. 68-74.

L'expérience de citoyens dénaturalisés, privés de leurs droits fondamentaux et parfois transformés, selon l'expression de Claude Lévi-Strauss, en *« gibier de camp de concentration »*, est une des sources du souci de protection accrue des droits des citoyens après-guerre et de la construction européenne. Celle-ci participait d'une volonté de doter les citoyens européens de droits inscrits dans la Convention européenne des droits de l'homme et garantis par la Cour européenne des droits de l'homme, de construire une architecture institutionnelle commune pour empêcher la répétition des haines nationalistes qui avaient entraîné les sociétés européennes dans deux guerres particulièrement meurtrières. Cette construction n'allait pas sans l'acceptation de certains renoncements à des prérogatives de souveraineté classique ou à des caractères « régaliens » de l'État-nation, comme le fait de battre sa propre monnaie ou de ne reconnaître que ses propres tribunaux.

## *La souveraineté débordée*

Derrida estime que la plupart des progrès dans la reconnaissance des droits de l'homme l'ont été, depuis 1945, *« contre »* l'absolutisation de la souveraineté. Une telle absolutisation est-elle consubstantielle à la notion de souveraineté, en France en particulier ?

Pour Hannah Arendt, c'est une des raisons pour lesquelles la Révolution française aurait échoué à construire un pouvoir démocratique authentique et durable. En effet, la plupart de ses acteurs auraient simplement transféré au peuple l'idée d'une souveraineté absolue, difficile à concilier avec la division des pouvoirs (en raison de la croyance erronée selon laquelle *« le pouvoir et la loi jaillissent de la même source »*). À l'inverse, la Révolution américaine aurait placé le pouvoir constituant dans des entités déjà autogouvernées, *« autorités subordonnées*[13] *»* d'où aurait paradoxalement découlé l'autorité de la Constitution. Cette dernière est ainsi construite « par le bas », à partir des États organisés en un système fédéral, alternatif au modèle de l'État-nation qu'Arendt a mis en question pour ses potentialités exclusives.

**13 - Hannah Arendt, *De la révolution* [1963], trad. par Marie Berrane avec la collaboration de Johan-Frédérik Hel-Guedj, Paris, Gallimard, 2012, p. 252.**

De son côté, Michel Foucault a remis en cause l'imaginaire de la souveraineté, qui réduit la pluralité et la complexité réelles des relations de pouvoir au face-à-face fictif entre le sujet et le souverain. Cette *« conception juridique du pouvoir »* aveugle sur ses mécanismes concrets d'exercice – sur ce point, nous n'aurions pas *« coupé la tête du roi*[14] *»*. L'idée que la prise en charge des populations suit de tout autres mécanismes (sanitaires, économiques, urbains, d'aménagement du territoire, de répartition des groupes dans des espaces divers) que le rapport politique du peuple au souverain[15] se voit confirmée, ces derniers temps, par l'application « mondiale » des mesures « biopolitiques » liées à la pandémie. Chaque État décide des modalités de traitement ou de prévention, mais les mesures de santé publique – prônées notamment par l'Organisation mondiale de la santé – se retrouvent partout, à des degrés divers.

Ces objections et ces faits interdisent la croyance en une détermination univoque de la vie des peuples par le « souverain » politique, aussi bien que la reconduction d'un « souverainisme » exclusif et national, comme de toute mystique du Peuple-Un. Néanmoins, si le constat de multiples plans de débordement de l'ordre souverain est valide et si chercher à désabsolutiser la souveraineté est sûrement une tâche à poursuivre, vouloir s'en débarrasser risque de nous faire perdre l'un des principes fondamentaux d'une politique démocratique.

## Souveraineté du peuple et démocratie

Au Chili, après un mouvement de contestation multiforme, une Assemblée constituante a été élue en mai 2021, pour rompre avec la Constitution qui avait survécu à la période de la dictature et qui est associée à un néolibéralisme débridé. C'est bien la figure du pouvoir constituant qui est réapparue ici pour entreprendre la fondation d'un nouvel ordre politique, plus égalitaire, plus juste, plus démocratique. Or

14 - Michel Foucault, *Histoire de la sexualité*, t. I., *La Volonté de savoir*, Paris, Gallimard, 1976, p. 117 : *« Dans la pensée et l'analyse politique, on n'a toujours pas coupé la tête du roi. De là l'importance qui est encore donnée dans la théorie du pouvoir au problème du droit et de la violence, de la loi et de l'illégalité, de la volonté et de la liberté, et surtout de l'État et de la souveraineté (même si celle-ci est interrogée non plus dans la personne du souverain mais dans un être collectif). »*

15 - Voir M. Foucault, *Sécurité, territoire, population. Cours au Collège de France (1977-1978)*, Paris, Seuil/Gallimard/EHESS, 2004.

le pouvoir constituant n'est-il pas l'expression de la souveraineté en acte du peuple ?

À cet égard, Arendt souligne l'importance de la *« fondation »* d'un *« nouvel ordre »* et de la *« constitution de la liberté »*. Mais elle rejette aussi le principe de souveraineté, ainsi que le *« cercle vicieux »* entre pouvoir constituant et pouvoir constitué dans le cas français, pour louer la légitimité du pouvoir constituant des corps politiques déjà reconnus, sous la forme des colonies américaines *« auto-administrées »*. Néanmoins, la citation de Tocqueville qu'elle rappelle pour décrire le mouvement de la révolution américaine suggère autre chose que ce qu'elle en dit : *« La révolution d'Amérique éclata. Le dogme de la souveraineté du peuple sortit de la commune et s'empara du gouvernement*[16]. » Le déclenchement de la révolution semble bien associé par Tocqueville à ce déplacement de la puissance mobilisatrice de la souveraineté, du plan communal au plan du gouvernement fédéral, de la « nation » américaine.

**Le pouvoir constituant n'est-il pas l'expression de la souveraineté en acte du peuple ?**

Les soulèvements d'aujourd'hui retrouvent naturellement le registre de la souveraineté populaire. Certes, la frange anarchisante des mouvements sociaux et des *« révoltes de conduite »* récuse la souveraineté de l'État-nation au profit d'une réactivation de la commune[17], et préfère un appel aux « multitudes » à une référence au peuple national. L'échelle communale paraît échapper, d'une part, à l'histoire des nationalismes et de leurs débouchés xénophobes ou guerriers, et, d'autre part, à la perte de contrôle sur la vie quotidienne qu'implique l'appartenance à de grands ensembles politiques dont les pôles de décision sont centralisés, professionnalisés et technocratisés. L'expérimentation communautaire de formes de vie constitue un plan politique de repli, où une *« autonomie »* est de nouveau possible, suivant une écologie en rupture partielle avec la société marchande-capitaliste[18].

Il s'agit assurément d'une des voies de réappropriation des conditions politiques d'existence « par le bas », à l'écart d'une focalisation sur le pouvoir d'État et de compétitions électorales de plus en plus vidées de

16 - Alexis de Tocqueville, *De la démocratie en Amérique* [1835], livre I, chap. 4.

17 - Voir Édouard Jourdain, *Proudhon contemporain*, Paris, CNRS Éditions, 2018.

18 - Voir Aurélien Berlan, *Terre et liberté. La quête d'autonomie contre le fantasme de délivrance*, Saint-Michel-de-Vax, La Lenteur, 2021.

leur potentiel de transformation sociale. Mais, si l'exigence d'une réappropriation du pouvoir politique implique en effet une réflexion sur son échelle la moins aliénante, on peut douter que l'action d'envergure appelée aujourd'hui par l'urgence écologique, notamment, puisse se passer du levier étatique-national[19] et du levier européen.

## Le contournement néolibéral

Ne peut-on en dire autant à propos du sentiment de dépossession démocratique qu'a nourri la *« révolution furtive »* du néolibéralisme[20] ? Sur le plan de la pensée critique, tout un travail a été effectué ces dernières années sur le lien jusqu'alors peu aperçu entre l'essor du néolibéralisme et l'évidement du principe de souveraineté non seulement nationale, mais aussi populaire. Nombre de néolibéraux et d'ordo-libéraux, témoins de la crise de 1929, de la montée du fascisme et de l'avènement du nazisme en Allemagne, tenaient la souveraineté populaire pour une menace contre laquelle il fallait préserver – éventuellement par une « constitutionnalisation » – à la fois des principes juridiques fondamentaux et des principes de politique économique. Ils défendaient notamment l'indépendance des banques centrales et l'austérité budgétaire. Il s'agissait également d'échapper à la « pente » keynésienne et socialiste, vue comme *« route de la servitude*[21] *»*. Même si la construction européenne a eu des sources idéologiques diverses[22], et a pu être considérée d'abord avec méfiance par certains ordo-libéraux (comme Wilhelm Röpke), qui y voyaient une sorte de *« méga-machine »* bureaucratique, un certain nombre d'axiomes néolibéraux se sont bien imposés, à partir de la fin des années 1970. L'Union européenne s'acharne désormais à faire appliquer partout le principe sacro-saint de la « concurrence libre et non faussée » et à traquer les aides étatiques aux industries nationales, voire aux services publics.

19 - Voir Serge Audier, *La Cité écologique. Pour un éco-républicanisme*, Paris, La Découverte, 2020.
20 - Wendy Brown, *Défaire le* dèmos. *Le néolibéralisme, une révolution furtive* [2017], trad. par Jérôme Vidal, Paris, Éditions Amsterdam, 2018.
21 - Friedrich A. Hayek, *La Route de la servitude* [1944], trad. par Georges Blumberg, Paris, Presses universitaires de France, 2013.
22 - Voir Aliénor Ballangé, *La Démocratie communautaire. Généalogie critique de l'Union européenne*, Paris, Éditions de la Sorbonne, 2022.

À la captation néolibérale du projet européen répondent aujourd'hui des nationalismes autoritaires et xénophobes, en une spirale que les gauches européennes peinent à contrer, le mantra de l'« Europe sociale » étant jugé peu crédible. L'idée d'une « souveraineté européenne » le serait-elle davantage ? Au modèle kantien de la *« fédération d'États libres »*, Céline Spector ajoute celui d'une souveraineté partagée, nourri de Montesquieu et de Hamilton[23]. Mais le risque du motif de la souveraineté européenne est qu'il suggère un transfert de compétences accru et non soumis à l'approbation des peuples, impliquant des procédures de décision complexes, et qu'il renforce ainsi le sentiment de perte de contrôle des citoyens sur la chose publique. Qu'on s'en réjouisse ou qu'on le déplore, la volonté de « reprendre le contrôle » pointe ainsi obstinément vers l'État-nation.

## « *Reprendre le contrôle* »

En Europe, ces dernières années, le mot d'ordre de « rendre le pouvoir au peuple » ou de *"take back control"* a ainsi résonné dans plusieurs pays, sans perdre son ambiguïté. Il a pu exprimer d'abord une révolte contre une dérive oligarchique du pouvoir, comme ce fut le cas du mouvement des Gilets jaunes.

Deux voies sont fréquemment avancées en faveur d'un renforcement de la souveraineté populaire : d'une part, le développement de référendums d'initiative citoyenne et d'autres modalités de participation démocratique ; d'autre part, une « reprise de contrôle » de l'État-nation sur les services publics, les industries nationales et les flux migratoires.

Si les premières exigences nous semblent incontournables, l'*« immigration alimentée par la logique des droits »* ne peut être stoppée sans un recul des droits de l'homme, qui est le risque de l'affirmation souverainiste unilatérale[24]. De plus, le discours xénophobe ne se contente pas de viser une régulation de l'immigration, légitime dans le cadre républicain ; il met en cause la composition « ethnique » de la population en banalisant

23 - Voir Céline Spector, *No demos ? Souveraineté et démocratie à l'épreuve de l'Europe*, Paris, Seuil, 2021.

24 - Voir François Héran, « Migrations », dans Dider Fassin (sous la dir. de), *La Société qui vient*, Paris, Seuil, 2022, p. 73-96.

la thématique du « grand remplacement ». Sous couvert de restaurer la souveraineté du peuple français, l'extrême droite propose une sortie de la route républicaine.

En Angleterre, le mot d'ordre *"take back control"* a surtout servi à fustiger les institutions européennes. Mais cette offensive a été largement financée par des forces économiques radicalement opposées aux régulations écologiques et sociales et adeptes de l'évasion fiscale[25]. Le « contrôle » des citoyens sur leur vie impliquerait aujourd'hui de poser le problème non seulement de ce qui limite les prérogatives de l'État-nation, mais aussi des formes d'influence exercées par des groupes économiques et médiatiques. La focalisation sur le pouvoir d'État ou d'institutions comme l'Union européenne laisse dans l'ombre des formes de *« conduite des conduites »* qui passent aujourd'hui largement par la sollicitation de l'attention à des fins d'exploitation commerciale[26].

Les discours de restauration de la souveraineté du peuple national révèlent donc de lourdes ambiguïtés, mais leur séduction tient à un sentiment de dépossession politique, qui ne peut être balayé d'un revers de la main. Le renouvellement démocratique des institutions politiques, l'explicitation des domaines de souveraineté partagée au plan européen (l'écologie, notamment), la défense des services publics contre leur privatisation : ce sont là autant de voies pour une réaffirmation de la souveraineté populaire, irréductible à l'échelon national, dans l'horizon d'une coopération et d'une solidarité accrues. Une telle réorientation sociale-écologique de l'Europe serait loin de s'opposer à la souveraineté du peuple si, comme le proclamait Célestin Bouglé contre les opposants libéraux à une république démocratique et sociale, *« il est contradictoire que le peuple soit à la fois souverain et misérable*[27] *»*.

25 - Voir Marlène Benquet et Théo Bourgeron, *La Finance autoritaire. Vers la fin du néolibéralisme*, Paris, Raisons d'agir, 2021.

26 - Voir Bernard E. Harcourt, *La Société d'exposition. Désir et désobéissance à l'ère numérique* [2016], trad. par Sophie Renault, Paris, Seuil, 2020, et Jean-Claude Monod, *L'Art de ne pas être trop gouverné*, Paris, Seuil, 2019.

27 - Célestin Bouglé, « Le citoyen moderne », dans C. Bouglé, Émile Bréhier, Henri Delacroix et Dominique Parodi, *Du sage antique au citoyen moderne. Études sur la culture morale*, préface de Paul Lapie, Paris, Armand Colin, 1921, p. 206.

# Le fédéralisme américain ou la souveraineté divisée

*Michael C. Behrent*

La thèse que les États-Unis vivent une sorte de « guerre civile froide » est de plus en plus répandue. Elle s'appuie sur les clivages idéologiques, culturels, raciaux et géographiques qui seraient la cause profonde de la polarisation politique qui afflige le pays depuis plusieurs décennies. Mais ces divisions s'ancrent aussi dans une doctrine profondément inscrite dans les institutions américaines : celle du fédéralisme, qui répartit l'autorité politique entre le pouvoir fédéral et cinquante États fédérés. Le fédéralisme est l'un des thèmes du clivage politique actuel – les Démocrates favorisant généralement l'État fédéral, tandis que les Républicains privilégient l'autonomie des États – mais il est aussi l'un des instruments des affrontements en cours. À travers le fédéralisme, qui donne aux uns la possibilité de limiter ou d'entraver le programme des autres, la souveraineté – la question : « Qui décide ? » – a cessé d'être le cadre général des débats politiques pour en devenir un enjeu essentiel.

Selon l'un de ses principaux historiens, le fédéralisme pose que *« de multiples niveaux indépendants de gouvernement peuvent légitimement exister au sein d'un même régime politique, et que cet arrangement n'est pas un défaut à déplorer mais une vertu à célébrer*[1] *»*. Si beaucoup de pays ont des systèmes fédéraux, les États-Unis sont sans doute le pays le plus enclin à voir comme un bienfait les conflits et les dysfonctionnements qui en résultent.

1 - Alison L. LaCroix, *The Ideological Origins of American Federalism*, Cambridge, Harvard University Press, 2011.

Le fédéralisme en lequel beaucoup d'Américains se reconnaissent est toutefois la conséquence des contingences de l'histoire américaine. Dès l'époque coloniale, les Américains ont réclamé leurs droits en insistant sur l'autonomie relative des colonies royales vis-à-vis de la souveraineté du Parlement et de la Couronne britanniques. C'est cette expérience coloniale qui a forgé l'attachement des Américains à la souveraineté des États, malgré le fait que, loin d'être des sociétés lockiennes créées par la volonté des gouvernés, ces derniers n'étaient à l'origine que des concessions de terrain accordées par décret royal. Lors de la Convention constitutionnelle de 1787, certains, comme Alexander Hamilton et James Madison, insistaient sur la nécessité d'un puissant gouvernement fédéral pour coordonner les différents États et forger un destin national. Mais d'autres voyaient ces tentatives comme une façon de recréer le pouvoir britannique de l'autre côté de l'Atlantique. La Constitution fédérale est le résultat d'un compromis entre ces positions. Elle organise un gouvernement fédéral puissant, mais dont les pouvoirs se limitent à ceux que définit la Constitution. Le dixième amendement (le dernier du « Bill of Rights ») stipule que tous les pouvoirs que la Constitution n'accorde pas nommément au gouvernement fédéral demeurent dans les mains des États.

Le fédéralisme devint un enjeu au cours du XIXe siècle. La crispation du Sud sur la défense des droits des États devint de plus en plus inséparable de la défense de l'esclavage. Après la guerre de Sécession, le gouvernement fédéral affirma son autorité pour défendre les droits des citoyens, quand bien même ceux-ci étaient en conflit avec la souveraineté des États. Mais son manque de persévérance dans la poursuite de cette politique permit la naissance du régime ségrégationniste dans le Sud. L'idée que le Sud, pendant la guerre de Sécession, défendait avant tout l'autonomie des États – plutôt que l'esclavage – devint le principal argument du révisionnisme sudiste. Près d'un siècle plus tard, l'autorité de l'État fédéral devint le principal recours du mouvement pour les droits civiques contre les États du Sud qui les bafouaient.

Aujourd'hui, dans une Amérique divisée entre le trumpisme et le progressisme incarné par Joe Biden, le fédéralisme est au cœur des clivages idéologiques et culturels suscités par la pandémie de Covid, le droit à l'avortement et l'intégrité du système électoral.

## *La santé publique, une « question majeure » ?*

Tout en opposant le principe de la santé collective aux libertés individuelles, les controverses soulevées par la capacité des pouvoirs politiques à réguler la crise sanitaire de la Covid mettent aussi en évidence des tensions institutionnelles et juridiques qui trouvent leur origine dans la structuration fédérale. D'un côté, le gouvernement fédéral dispose d'une panoplie d'administrations et de dispositifs juridiques pour répondre à des crises de santé publique. Mais de l'autre côté, ce système de santé public est extrêmement fragmenté, entre cinquante États et quelque trois mille agences de santé publique locales[2]. Cette fragmentation correspond aussi à une division des pouvoirs fondée dans la jurisprudence constitutionnelle. Ainsi, il est admis que les États, du fait de leurs « pouvoirs de police », peuvent imposer une obligation vaccinale. Mais ces mêmes pouvoirs autorisent les États à interdire au secteur privé ou aux collectivités territoriales d'y avoir recours. D'autre part, le droit du gouvernement fédéral – en principe « supérieur » aux États – d'imposer l'obligation vaccinale est beaucoup moins évident. Surtout, le gouvernement fédéral doit veiller à ne pas enfreindre le dixième amendement à la Constitution, qui réserve aux États l'ensemble des pouvoirs que la Constitution n'accorde pas explicitement au gouvernement fédéral.

Ces débats ont abouti le 13 janvier 2022 à une importante décision de la Cour suprême au sujet d'un règlement pris le 5 novembre 2021 par l'Occupational Safety and Health Administration (OSHA), l'administration fédérale responsable de la santé au travail. Ce règlement obligeait tous les employés des entreprises d'au moins 100 salariés à se faire vacciner ou à se faire tester chaque semaine, pour une période de six mois. Une association patronale et plusieurs autres organisations ont engagé une action en justice pour invalider le décret de manière préemptive (sans attendre que l'affaire soit jugée). La majorité conservatrice de la Cour suprême décida d'agréer à cette demande – mettant ainsi fin à un important dispositif anti-Covid s'appliquant à 84 millions d'Américains, sur lequel l'administration Biden comptait pour éviter quelque 6 500 décès et 250 000 hospitalisations.

2 - Beverly A. Cigler, "Fighting Covid-19 in the United States with federalism and other constitutional and statutory authority", *Publius: The Journal of Federalism*, vol. 51, n° 4, 2021, p. 673-692.

Écartant l'examen des questions de santé publique au motif qu'elles dépassaient son champ de compétence, la majorité de la Cour suprême a d'emblée situé le cas sur le terrain du fédéralisme. La décision rédigée par le juge Neil Gorsuch (nommé par Donald Trump) l'indique clairement : *« La question devant nous aujourd'hui est: qui décide*[3] *? »* Gorsuch y rappelle que, selon la jurisprudence constitutionnelle, les États et les collectivités locales disposent de pouvoirs extensifs en matière de santé publique. Avant d'ajouter : *« Les pouvoirs du gouvernement fédéral, toutefois, ne sont pas généraux mais limités et divisés. »* Le pouvoir fédéral est soumis à la nécessité de justifier ses décisions en matière de santé publique, ce qui n'est pas le cas pour les instances inférieures. Il doit préciser sur quel pouvoir nommément accordé par la Constitution il s'appuie. S'il s'agit d'une administration fédérale, celle-ci doit, en outre, s'être vu reconnaître cette autorité par le Congrès. Ce qui fait horreur aux juges conservateurs, c'est l'idée qu'une administration puisse s'appuyer sur une loi générale ou ambiguë pour s'emparer d'un enjeu majeur. Ils opposent à celle-ci la doctrine des questions majeures *(major questions doctrine)* : une décision du pouvoir exécutif ayant des conséquences économiques et politiques majeures ne saurait se fonder sur une législation vague. Pour de telles questions, il incombe au législateur de trancher et de ne pas sous-traiter son autorité à une agence fédérale.

**Le pouvoir fédéral est soumis à la nécessité de justifier ses décisions en matière de santé publique.**

Or, soutient Gorsuch, c'est exactement ce qui s'est passé avec le décret du 5 novembre. L'OSHA, rappelle-t-il, fut créée par une loi de 1970 qui l'autorise à veiller aux conditions de santé et de sécurité dans les lieux de travail. Mais elle n'a pas de compétences plus étendues dans le domaine de la santé publique. L'obligation vaccinale dépasse sensiblement, selon Gorsuch, la seule question de la santé au travail : on ne peut annuler la vaccination une fois qu'on est rentré chez soi. Autrement dit, l'administration Biden aurait trouvé grâce à l'OSHA une solution de rechange pour imposer une (quasi) obligation vaccinale que les autres agences fédérales n'étaient pas en mesure de décréter. Si le Congrès souhaite voter une obligation vaccinale, soit ; mais le président ne peut

3 - L'ensemble des citations de cette décision viennent de "National Federation of Independent Business *v.* Department of Labor, Occupational Safety and Health Administration", 595 U.S. (2022), disponible sur le site de la Cour Suprême.

contourner les difficultés attachées au passage d'une telle loi en ayant recours à une administration dont les compétences générales définies par la loi pourraient *à la limite* justifier une telle mesure sanitaire.

Les trois juges opposés à cette décision de la majorité ont non seulement contesté ces arguments, mais ont également pointé leur mauvaise foi. Sans se prononcer sur la validité de la doctrine des questions majeures, la minorité affirme que celle-ci n'est pas pertinente pour le cas en question : le décret anti-Covid était conforme à la loi de 1970, qui autorise l'OSHA à prendre des mesures contre de *« nouveaux dangers »* ou des *« substances ou agents »* qui sont *« physiquement nuisibles »*. Rien dans la loi ne stipule que les dangers en question soient *uniquement* présents sur les lieux de travail : l'OSHA peut, par exemple, définir des mesures anti-incendie, bien que les incendies puissent survenir ailleurs que dans les entreprises. L'opinion dissidente, rédigée par la juge Sonia Sotomayor (nommée par Barack Obama), conclut que la majorité commet précisément la faute qu'elle reproche à l'OSHA : d'inventer une limite qui n'a aucun fondement précis dans la loi. Cette mauvaise foi juridique est d'autant plus navrante, estime Sotomayor, qu'elle augmentera presque certainement le nombre des malades et des morts.

## *Annuler le droit à l'avortement*

Alors que le Covid est un point de clivage récent, l'avortement divise les Américains de très longue date, au moins depuis la décision *Roe vs. Wade* de la Cour suprême qui, en 1973, rendit légale l'interruption volontaire dans les trois premiers mois de la grossesse en prenant appui sur un « droit à la vie privée » qui, selon les juges, est implicite dans la Constitution. Là encore, le fédéralisme est l'un des principaux enjeux des débats.

Bien que les États contrôlés par les Républicains aient souvent tenté de contourner ou de limiter le droit à l'avortement, la décision *Roe* v. *Wade* entrave considérablement leurs efforts, car elle expose ces États à des procès les accusant d'enfreindre un droit reconnu. Mais en 2021, l'État du Texas – solidement conservateur sur le plan politique – a trouvé un moyen particulièrement retors de contourner cet obstacle en exploitant un élément du dispositif fédéral. « SB 8 » (Senate Bill 8, ou projet de loi sénatorial 8, en référence à la législature texane) définit la vie du fœtus comme commençant dès la détection d'un battement de cœur. Cette définition est assez classique dans le mouvement anti-avortement, mais l'originalité de la loi réside dans le mécanisme qui élimine totalement le rôle de l'État et de ses agents dans l'application de celle-ci. Il n'incombe pas en effet à la police, par exemple, de fermer les cliniques de planification familiale. La loi transfère la responsabilité aux citoyens, en leur permettant de poursuivre en justice tout individu ayant pratiqué un avortement (tel que défini par la loi), ainsi que ses complices, avec la possibilité d'obtenir au moins 10 000 dollars en dommages et intérêts.

Ce stratagème procède du principe constitutionnel de l'immunité souveraine *(sovereign immunity)*, qui stipule qu'un État ne peut, à quelques rares exceptions près, être poursuivi en justice. Hérité des Britanniques (qui parlent de « souveraineté de la Couronne »), il est entériné dans le onzième amendement à la Constitution, entré en vigueur en 1795, qui interdit que les États soient poursuivis en justice devant les tribunaux fédéraux. Toutefois, si ce principe est fermement ancré dans la jurisprudence américaine, il est admis qu'un individu ne saurait être privé d'un recours en justice lorsqu'un État agit de manière *inconstitutionnelle*[4]. C'est pourquoi la loi texane, tout en réaffirmant le principe d'immunité souveraine, énonce sans ambages : *« Aucune application* [enforcement] *»* de la loi, *« en réponse aux violations »* de ses mesures, *« ne peut être entreprise ou utilisée comme menace par cet État*[5] *»*. S'il est interdit aux agents de l'État de faire appliquer une loi de l'État, il devient difficile, voire impossible, de porter plainte contre celle-ci, car le plaignant n'aurait personne à poursuivre en justice. Telle est la ruse tentée par les législateurs texans.

Fin 2021, des associations de défense des droits des femmes entament pourtant un procès contre la loi, en dénonçant son effet potentiellement paralysant sur les cliniques de planification familiale au Texas. La Cour suprême accepte d'entendre leur plainte, qui a la particularité de survenir avant que la loi n'entre en vigueur. Lors des séances de la Cour, certains défenseurs de la loi texane objectent qu'en l'absence d'un « intérêt à agir » (le *standing*, qui autorise à aller en justice quand on est directement concerné ou lésé par une action), ces associations n'ont pas le droit de porter plainte.

**4 - Ce principe est défini par la décision de la Cour suprême *Ex Parte Young, 209 U.S. 123 (1908).***
**5 - SB 8, "An Act relating to abortion, including abortions after detection of an unborn child's heartbeat; authorizing a private civil right of action", Sec.A171.207, disponible sur le site de la législature texane.**

Au mois de décembre, la Cour prend une décision provisoire qui semble accommoder chaque partie : elle permet aux associations de poursuivre leur procès (contre ceux qui demandaient de leur refuser le *standing*), tout en laissant la loi texane en vigueur (contre ceux qui demandaient d'invalider illico une loi manifestement inconstitutionnelle). Toutefois, la Cour n'autorise les associations qu'à viser les instances d'accréditation médicale pouvant sanctionner les cliniques de planification familiale ; les principales autorités politiques restent – conformément au principe de SB 8 – préservées des risques de procès. Cette décision satisfait peu ceux pour qui *Roe* v. *Wade* demeure la loi. Dans son opinion dissidente, la juge Sotomayor soutient que la Cour suprême aurait dû invalider la loi texane, quitte à *« inviter les autres États à peaufiner le modèle proposé par* [la loi texane] *pour annuler* [nullify] *les droits fédéraux. La Cour a ainsi trahi non seulement les citoyens du Texas, mais aussi notre système de gouvernement constitutionnel*[6] *»*.

L'usage du terme *nullify* évoque l'une des doctrines les plus funestes de l'histoire de la jurisprudence constitutionnelle. Comme le constate Sotomayor, la loi texane et ses défenseurs *« font écho à la philosophie de John C. Calhoun, un avocat virulent du Sud esclavagiste qui a insisté sur le fait que les États avaient un droit de "veto" ou d'"annulation"* [nullification] *de toute loi fédérale avec laquelle ils n'étaient pas d'accord »*. John C. Calhoun était un sénateur de Caroline du Sud qui, au début des années 1830, s'opposa à un projet de tarif douanier (considéré comme profitant surtout aux États du Nord) en avançant que la Constitution permettait aux États de s'exempter des lois fédérales. Si le président Andrew Jackson réussit à imposer son tarif douanier et éviter la *nullification*, ce principe continua de nourrir la pensée de sudistes de plus en plus obsédés par la nécessité de protéger l'esclavage contre l'abolitionnisme nordiste. Comme le constate Sotomayor, même s'il n'est pas question de l'esclavage, la philosophie constitutionnelle qui a longtemps permis de défendre ce dernier est très présente dans la pensée conservatrice actuelle, notamment celle de ses collègues de la Cour suprême. *« La nation*, remarque-t-elle, *a connu une guerre civile à cause de cette proposition, mais les théories de Calhoun ne se sont pas éteintes*[7]. *»*

**6 - Opinion de Sonia Sotomayor, "Whole Women's Health *et al. v.* Jackson", 2021, 2 ; disponible sur le site de la Cour suprême.**
**7 - *Ibid.*, 11.**

## *Un système électoral aux mains des États*

Si les enjeux juridiques soulevés par la loi texane ont pu prendre le pas sur les questions de fond que soulève le droit à l'avortement, les débats actuels autour de l'institution fondamentale de la démocratie, l'élection à suffrage universel, peuvent sembler plus essentiels encore. Or, depuis novembre 2020, les élections aux États-Unis ne sont plus une manière pacifique de régler les conflits sociaux ; elles sont devenues l'objet même des contentieux. Et le traitement de ces affaires, où chacun cherche un appui dans la jurisprudence constitutionnelle, s'insère à son tour dans une brèche ouverte par le fédéralisme.

Les élections comptent depuis longtemps parmi les éléments du système démocratique américain les plus imprégnés par le fédéralisme. Chaque État a sa propre constitution, sa propre législature et son propre système électoral, bien qu'ils soient tous soumis à l'exigence constitutionnelle d'avoir une *« forme républicaine de gouvernement »* (article IV, section 4 de la Constitution). Ce sont les États – et souvent leurs législatures – qui tracent les cartes électorales, et définissent notamment les circonscriptions de la Chambre des représentants fédérale. Grâce au *gerrymandering* (le découpage des circonscriptions favorisant un parti), ce droit peut bénéficier à ceux qui contrôlent les législatures des États, une stratégie que les Républicains poursuivent avec une efficacité impressionnante depuis quelques années. Enfin, les États ont pu historiquement étendre ou limiter le droit de vote. Malgré les protections fédérales introduites dans la Constitution après la guerre de Sécession, les États du Sud ont pu bloquer la participation des Noirs aux élections en introduisant différentes mesures administratives destinées à limiter leur accès au suffrage. Raison pour laquelle la législation issue du mouvement pour les droits civiques a ensuite placé ces États sous tutelle fédérale pour tout ce qui avait trait aux lois électorales.

**Chaque État a sa propre constitution, sa propre législature et son propre système électoral.**

Mais lors des controverses suscitées par l'élection présidentielle de novembre 2020, des doctrines juridiques autrement radicales ont infléchi le débat public et les stratégies de certains acteurs. Le caractère en partie burlesque des émeutes du 6 janvier 2021 ne doit pas obscurcir la gravité des arguments juridiques utilisés pour contester l'élection de Joe Biden.

Pour ne citer qu'un exemple, considérons le procès particulièrement audacieux engagé après l'élection par l'État du Texas (encore !) devant la Cour suprême. Le Texas ne visait rien de moins que l'invalidation de l'élection présidentielle dans quatre autres États : la Pennsylvanie, la Géorgie, le Michigan et le Wisconsin, qui ont tous déclaré Biden vainqueur (après avoir accordé une majorité à Trump en 2016).

Si l'existence même de ce procès est déjà surprenante, les arguments juridiques proposés par le Texas déconcertent aussi par leur outrance. Ils reposent sur ce que l'on appelle l'*independent state legislature doctrine* (doctrine de l'indépendance des législatures des États), laquelle s'appuie sur deux textes constitutionnels. La « clause des élections » (article I, section 4) déclare : *« L'époque, le lieu et la procédure pour les élections des sénateurs et des représentants seront déterminés dans chaque État par la législature de cet État. »* D'autre part, la « clause des électeurs » stipule que les grands électeurs – qui choisissent officiellement le président – seront sélectionnés d'une *« manière prescrite par* [la] *législature* [d'un] *État »* (article II, section 1)[8]. Selon certains juristes, ces provisions accordent aux seules législatures des États un pouvoir quasi absolu et surtout incessible de déterminer les conditions de l'élection des représentants au Congrès et des grands électeurs présidentiels. Des juristes conservateurs soutiennent que cette doctrine a suivi un chemin jurisprudentiel bien balisé au cours du XIX^e^ siècle, avant d'être oubliée au XX^e^ siècle.

Selon le Texas, les scrutins dans les quatre États en question sont problématiques parce que leur organisation a fait intervenir d'autres instances que la législature. Comme les mesures facilitant l'accès au vote pendant la pandémie – en allégeant par exemple les formalités requises pour soumettre un bulletin par la poste – furent souvent prises par des fonctionnaires ou d'autres élus, le Texas soutient qu'elles transgressaient les clauses constitutionnelles concernant le pouvoir des législatures en matière électorale[9]. Cet argument fut repris par de nombreux élus Républicains, notamment dans le débat (que les manifestants ont interrompu) concernant la certification des résultats au Congrès le 6 janvier. Il est intéressant que les arguments visant à invalider les mesures prises

8 - Une traduction française de la Constitution américaine est disponible sur le site de l'université de Perpignan.

9 - Hans A. von Spakovsky, "A 2020 election redo in 4 States? Here are the details about Texas lawsuit" [en ligne], *The Heritage Foundation*, 8 décembre 2020.

pour contrôler l'épidémie de Covid recoupent les arguments avancés dans le cadre des élections. Notons que le principe du « droit des États » *(states' rights)*, souvent considéré comme la pierre angulaire du fédéralisme, n'est pas toujours un terme approprié : en son nom, le Texas a tenté une ingérence insolite dans les affaires de quatre autres États.

En fin de compte, la Cour suprême a rejeté la demande du Texas. Même la majorité conservatrice (dont trois des membres furent nommés par Trump), largement acquise aux principes de double souveraineté du fédéralisme, n'a pas souhaité prendre la mesure extrême d'annuler, au nom d'une doctrine constitutionnelle douteuse, des élections qui s'étaient déroulées sans difficulté. Mais le succès grandissant de ces arguments auprès d'un électorat de droite suggère qu'ils pourraient être mobilisés de nouveau dans un avenir proche.

—

Le fédéralisme est à la fois une tradition et une machine de guerre. Il ne fait guère de doute qu'au cours de l'histoire américaine, ce système a souvent été instrumentalisé au profit d'un programme politique conservateur. Lorsque les partisans du fédéralisme invoquent l'autonomie des États, c'est à des fins politiques bien définies : les États esclavagistes n'étaient pas particulièrement enclins à défendre le droit des États à choisir l'abolition, pas plus que le Texas ne défend le droit du Michigan à la non-ingérence en matière d'organisation électorale. Mais cette instrumentalisation n'est possible que parce que ses arguments ont une certaine légitimité – parce qu'ils ont une longue histoire, mais aussi parce qu'ils reposent sur des principes démocratiques. Le conflit entre la souveraineté des États et la souveraineté nationale demeure l'une des tensions structurantes de la politique étatsunienne. Les Américains se lamentent souvent du collège électoral (le système des grands électeurs qui désigne parfois des présidents n'ayant pas remporté le suffrage populaire) ou de la non-représentativité du Sénat (où chaque État, quelle que soit sa population, est représenté par deux sénateurs). Mais ces problèmes découlent de l'existence même des États et de leur souveraineté, que personne ne remet en cause dans le discours politique américain.

**Le fédéralisme est à la fois une tradition et une machine de guerre.**

Si les Américains ont un fédéralisme bien à eux, les questions qu'il soulève trouvent des échos ailleurs dans le monde : dans les relations de l'Écosse ou la Catalogne avec leurs États respectifs, dans les débats autour du Brexit, voire dans les rapports entre les États russes ou chinois et leurs provinces autonomes. Dans ces pays, comme aux États-Unis, l'État souverain est souvent vu comme un rempart contre une mondialisation menaçante, que ce soit sur le plan économique, culturel ou politique. Mais l'État souverain peut lui aussi apparaître comme menaçant, surtout quand il véhicule des valeurs « étrangères » ou porte des « élites mondialisées ». Ainsi, le fédéralisme se présente comme une manière, moins paradoxale qu'il ne paraît, de réclamer « plus d'État » tout en se soustrayant à l'État souverain. Les États-Unis ont l'avantage de nous montrer ce paradoxe dans son état le plus pur.

# Ni absolue, ni hypocrite ?

## La souveraineté dans l'ordre international

*Manuel Lafont Rapnouil*

Malgré des visages différents, l'ordre international est structuré depuis les traités de Westphalie (1648) autour de la centralité des États, de leur territorialité et de leur indépendance. Aujourd'hui encore, *« l'égalité souveraine »* de ses membres est le premier principe mentionné par la Charte des Nations unies, emportant leur intégrité territoriale, leur indépendance politique, la non-ingérence et le non-recours à la force entre eux.

On peut pourtant observer que la centralité de la souveraineté sur le plan normatif, dans l'histoire des relations internationales, n'a d'égale que sa constante remise en cause dans les faits. C'est ainsi que pour Stephen D. Krasner, loin d'être l'absolu qu'elle paraît dans la lignée de sa conceptualisation par Jean Bodin et Thomas Hobbes, la souveraineté ne serait rien moins, sur la scène internationale, qu'une *« hypocrisie organisée*[1] *»*. Si la norme elle-même correspond à l'intérêt des États et reste donc peu contestée, la souveraineté est en pratique largement contournée. De fait, l'idée d'un contrôle des États sur leur destin est en permanence mise au défi. Les États capables et désireux de s'isoler parfaitement de leur environnement extérieur sont rares, voire inexistants. Dès lors qu'ils s'intègrent dans un jeu de relations multiples avec le reste du monde, les décalages possibles entre souveraineté formelle et souveraineté réelle se multiplient.

1 - Stephen D. Krasner, *Sovereignty: Organized Hypocrisy*, Princeton, Princeton University Press, 1999.

Comme l'écrivait Karl Deutsch, *« les relations internationales sont le domaine de l'activité humaine où l'interdépendance et un contrôle inadéquat se rencontrent[2] »*. Les efforts pour instaurer un ordre international fonctionnel et stable se confrontent sans cesse au défi de l'équilibre entre le respect et les bornes de la souveraineté. Après un effacement apparent à la fin de la guerre froide, ces tensions se sont multipliées et la souveraineté est redevenue un enjeu explicite de la politique internationale, du Brexit à la posture de l'administration Trump face au libre-échange comme aux accords internationaux (climat, Iran, etc.), en passant par les tensions suscitées par la Russie dans l'ancien espace soviétique et les objectifs affichés par la Chine à Hong Kong, envers Taïwan ou en mer de Chine du Sud.

## *Les multiples dimensions de la souveraineté*

Sur le plan juridique, la souveraineté donne aux États leur centralité dans le système international : à la fois pouvoir suprême sur son propre territoire et puissance soumise à nulle autre autorité que la sienne sur la scène internationale. Mais elle est aussi la qualité qui permet aux États d'entrer en relations, en se reconnaissant mutuellement et en prenant des engagements juridiques. Très tôt, la justice internationale a rappelé qu'en concluant un traité, un État exerce sa souveraineté plutôt qu'il n'y renonce[3]. Il n'y a donc aucune atteinte à la souveraineté si un État prend librement des engagements dont il sera ensuite redevable, devient partie à des mécanismes contraignants, et même confie à une autorité tierce, juridictionnelle ou pas, le règlement d'éventuels différends avec d'autres États. La crise actuelle autour de l'Ukraine souligne clairement l'enjeu de souveraineté qu'il y a pour un État à décider lui-même s'il souhaite appartenir à une organisation internationale ou rejoindre une alliance.

**En concluant un traité, un État exerce sa souveraineté plutôt qu'il n'y renonce.**

Mais le fait que la souveraineté n'abandonne jamais en principe « la compétence de sa compétence » n'épuise pas la question. D'une part, en restant sur le terrain du droit, la politique internationale met en jeu des visions antagoniques ou seulement complexes de la souveraineté

2 - Karl W. Deutsch, *The Analysis of International Relations*, Englewood Cliffs, Prentice-Hall, 1968, p. v.
3 - Voir Cour permanente de justice internationale, arrêt du vapeur *Wimbledon*, 17 août 1923.

des États et de ses modalités. À Hong Kong, le principe « un pays, deux systèmes », sur lequel Pékin revient désormais, était au cœur de l'accord de rétrocession. La Bosnie-Herzégovine connaît aussi un arrangement *ad hoc*, notamment avec les pouvoirs du Haut Représentant au titre de la mise en œuvre des accords de paix de 1995. L'extraterritorialité de certaines mesures nationales ou encore la question du droit des peuples à disposer d'eux-mêmes (et donc de savoir qui veut et peut prétendre accéder à la souveraineté) sont d'autres facteurs de difficultés.

D'autre part, la souveraineté n'est pas seulement un problème formel, que le consentement de l'État suffirait à régler. Dans l'Union européenne (UE), la différence entre politiques uniques (les États membres renoncent à agir autrement qu'ensemble, comme en matière commerciale ou avec l'euro) et politiques communes (la coopération entre États membres n'interdit pas une action nationale qui ne la contredit pas, comme en politique étrangère) est loin d'être anodine. Surtout, la société internationale a évolué dans un sens qui pose un certain nombre de défis à la souveraineté des États qui ne relèvent pas uniquement du droit : de la matérialité des flux migratoires aux conséquences les plus dramatiques que le changement climatique pourrait avoir pour l'existence même de certains États.

Pour clarifier ce débat, Krasner distinguait trois dimensions de souveraineté en plus de la reconnaissance internationale d'une autonomie territorialisée : l'autorité effectivement exercée à l'intérieur de son territoire ; la capacité à agir juridiquement et plus largement à peser au sein du système international ; le contrôle réel exercé sur les flux transfrontaliers (personnes, biens et idées) et plus largement dans les contacts avec le reste du monde. Ces dernières décennies, même si l'autorité et l'influence ont aussi été en cause, c'est surtout cette dernière dimension d'autonomie que l'on retrouve au cœur des tensions.

La mondialisation a multiplié et renforcé les interdépendances, souvent perçues comme autant de possibles atteintes aux souverainetés. C'est l'éternel débat de savoir si l'indépendance s'acquiert en fuyant les interdépendances ou en s'y préparant. La mondialisation aiguise d'autant plus ce débat qu'elle a aussi favorisé une libéralisation et donc une décentralisation de la puissance, qui a conféré un rôle croissant aux acteurs non étatiques, en fait sinon en droit : la question de la souveraineté numérique des États se pose aujourd'hui aussi au regard du poids pris par les grandes plateformes du secteur.

## *La fin de « la fin de la souveraineté »*

L'immédiat après guerre froide a pu donner le sentiment d'un effacement de la souveraineté, au sens de la volonté de conserver des instruments de contrôle et des marges discrétionnaires à l'échelle nationale. Cette perception existait sur le plan économique, avec les accords commerciaux de seconde génération (sur les normes plutôt que les droits de douane et les subventions), la libéralisation des capitaux ou les premiers efforts de réduction des gaz à effet de serre. Elle existait aussi sur le plan politique, avec l'essor de la justice internationale ou de la « responsabilité de protéger » les populations victimes d'atrocités de masse, lorsque l'État concerné ne peut ou ne veut pas intervenir.

Le projet européen a pu être considéré comme la pointe avancée de ces efforts : indépendance de la politique monétaire, règles encadrant la politique budgétaire, systématisation du recours individuel direct devant la Cour européenne des droits de l'homme, espace Schengen… C'est aussi lui qui a vu monter la contestation en réaction au passage d'une intégration par les politiques fonctionnelles à une intégration davantage politique. L'approche mécaniciste du fonctionnalisme (la métaphore de l'engrenage) a alors dû faire face à sa vieille critique politique, drapée justement dans le manteau de la souveraineté (nationale ou populaire) : d'abord avec le coup d'arrêt de l'échec du projet de constitution européenne, en 2005 ; puis avec la confirmation éclatante par le Brexit, en 2016, de la possibilité de choisir la sortie de cette intégration. Cette critique a d'autant plus porté que les tentatives de construire une *« souveraineté postnationale*[4] *»* n'ont pas prospéré.

Au-delà des avanies du projet européen, la réalité internationale donne à voir de nombreux autres exemples de l'aspiration persistante à la souveraineté, mais aussi du reflux d'une approche de la souveraineté comme responsabilité[5], sur fond d'essoufflement de la gouvernance libérale privilégiant les règles sur la discrétion. Cette tendance est renforcée par le ressort identitaire qu'entretient – de façon plus dialectique, voire aporétique, que paradoxale, comme l'a souligné Pierre Hassner[6] – la

4 - Entretien avec Jean-Marc Ferry, « La souveraineté postnationale », *Esprit*, janvier 2002.

5 - Francis M. Deng *et al.*, *Sovereignty as Responsibility: Conflict Management in Africa*, Washington, The Brookings Institution, 1996.

6 - Pierre Hassner, *La Violence et la Paix. De la bombe atomique au nettoyage ethnique*, Paris, Éditions Esprit, 1995, p. 341-342.

mondialisation. L'attrait pour la souveraineté ne se dément ni parmi les peuples qui aspirent à se doter d'un État effectif (Palestine) et reconnu (Kosovo), ni dans les États les moins puissants (qui voient la souveraineté comme une protection contre l'influence, voire la menace des autres États), ni même chez les plus puissants. Certes sous des formes différentes, les États-Unis, la Russie et la Chine sont tous attachés, sinon au principe de souveraineté, au moins à leur souveraineté nationale, comme leur rapport restrictif et sélectif au droit international et plus encore à la justice internationale le montre.

## *Les contradictions de l'ordre international*

La souveraineté reste donc un point de référence au sein du système international. Pour autant, elle est d'autant moins redevenue un absolu qu'elle ne l'a jamais été. Krasner relevait que dès les débuts de l'ordre westphalien, d'autres normes sont entrées en conflit avec une conception stricte de la souveraineté : d'une part, la tolérance religieuse, puis l'idée des droits des minorités, et finalement les droits de l'homme ; d'autre part, l'objectif de stabilité internationale. Avec la montée des interdépendances, ces questions n'ont eu de cesse de prendre davantage d'importance : climat, migrations, terrorisme, normes sociales et environnementales dans le commerce, risque pandémique…

La question de l'autorité effective des États sur leur propre territoire est ainsi devenue un enjeu dans la politique internationale, d'où l'intérêt porté aux États dits « faillis » ou « fragiles ». Des dispositifs internationaux ont été créés pour assister ces États dans une logique d'exercice « partagé » de la souveraineté entre autorités nationales et internationales[7]. La Commission internationale contre l'impunité au Guatemala a ainsi assumé un rôle d'enquête et de poursuite dans le pays à partir de 2007… jusqu'à son expulsion en 2019. Dans d'autres cas, comme face au terrorisme, les puissances n'ont pas toujours suivi une voie aussi coopérative. Mais si de tels problèmes persistent, le consensus sur la meilleure façon d'y répondre s'est effrité, tant du fait des réactions

7 - Voir Stephen D. Krasner, "Sharing sovereignty: New institutions for collapsed and failing states", *International Security*, vol. 29, nº 2, 2004, p. 85-120.

locales que de l'attitude des puissances, de moins en moins intéressées à assumer, même indirectement, de telles responsabilités.

Aux *« risques de la faiblesse »* s'ajoutent les *« menaces de la force*[8] *»*. La réflexion stratégique récente intègre ainsi des préoccupations tournées vers les atteintes non militaires à la souveraineté. L'*« arsenalisation des interdépendances*[9] *»* en est un premier exemple : si les interdépendances entre États sont asymétriques, on peut les transformer – pour peu que l'on soit du bon côté de l'asymétrie – en moyens de pression ou de contrôle ; une telle instrumentalisation, plus systématique et plus âpre, finit par transformer les interdépendances en véritables armes : sanctions financières, approvisionnement énergétique, chantage migratoire, accès à la technologie 5G… L'idée d'une *« puissance perforante*[10] *»*, un *sharp power* à mi-chemin entre *soft* et *hard power*, est une autre illustration, qui pointe le risque de stratégies qui se déploient sur le terrain de l'influence (médias, échanges étudiants, coopération scientifique, aide au développement) avec des pratiques qui ressortent davantage du rapport de force (manipulations de l'information, dépendance économique ou technologique, prises de contrôle), renouvelant la problématique de l'ingérence dans les affaires intérieures.

On perçoit ici encore les apories de l'ordre westphalien. Dans un système international qu'on peut dire anarchique, tout État qui pourvoit à sa propre sécurité risque en même temps d'accentuer le sentiment d'insécurité des tiers et donc de diminuer sa propre sécurité. Face à ce « dilemme de sécurité », plusieurs modèles se sont succédé depuis 1648, dont diverses formes d'équilibre des puissances, peu soucieuses du respect de la souveraineté des États. Les modèles multilatéraux cherchent davantage à garantir l'« égalité souveraine » des États, tant au nom de la stabilité internationale que de la nécessité de créer les conditions d'une coopération internationale renforcée. L'extension du droit international, mais aussi les mécanismes de garanties collectives (sécurité collective onusienne, stabilité financière avec le FMI, clause de la nation la plus favorisée à l'OMC) qui procèdent en quelque sorte à une « solidarisation »

**8 - Une dichotomie avancée par le *Livre blanc sur la défense et la sécurité nationale*, Paris, La Documentation française, 2013, p. 33-41.**

**9 - Henry Farrell et Abraham L. Newman, "Weaponized interdependence: How global economic networks shape state coercion", *International Security*, vol. 44, n° 1, 2019, p. 42-79.**

**10 - Christopher Walker et Jessica Ludwig, "The meaning of sharp power: How authoritarian states project influence", *Foreign Affairs*, 16 novembre 2017.**

des souverainetés vont dans ce sens – même si, *in fine*, la crédibilité de cette garantie repose largement sur les États les plus puissants.

De façon frappante, le souverainisme, version extensive et stricte à la fois de la souveraineté, élude le débat sur les coûts, les bénéfices et les conditions d'une telle approche pour des questions de principe. Le multilatéralisme y est compris comme le masque d'un « mondialisme » qui ne se construirait qu'au détriment des souverainetés nationales[11]. Pourtant, même pour un pays aussi puissant que les États-Unis, une attitude fétichiste vis-à-vis de la souveraineté finit par multiplier les incertitudes, les défis et les menaces. L'aspiration à retrouver une marge de manœuvre nationale accorde la même latitude aux autres États, augmentant l'imprévisibilité du système. Si le multilatéralisme s'oppose au souverainisme, c'est moins pour préfigurer un improbable État mondial que pour réduire cette instabilité : l'effort pour articuler les souverainetés entre elles, mais de façon horizontale et non verticale, doit permettre tant d'assurer la sécurité internationale que de relever le défi des communs mondiaux.

**Une attitude fétichiste vis-à-vis de la souveraineté finit par multiplier les incertitudes, les défis et les menaces.**

## *L'aspiration à une souveraineté européenne*

Face à ces tensions et à leurs conséquences pour nos vies quotidiennes, il n'est pas surprenant que l'on assiste au sein de nos sociétés à de véritables *« guerres de souveraineté »* au sens des guerres culturelles américaines[12]. De nombreux pays sont traversés par un tel débat qui mélange les dimensions de la souveraineté (autonomie, autorité et influence), ignore les tensions inévitables entre celles-ci, et tend à juger par principe inacceptable tout compromis autour de la souveraineté. Ce débat existe bien entendu en Europe, même s'il varie selon les traditions (pouvoir fédéral ou unitaire) et les attentes vis-à-vis de l'UE (la directive sur les travailleurs détachés n'est pas perçue en Pologne comme une atteinte à sa souveraineté). *In fine*,

11 - Manuel Lafont Rapnouil, « L'épouvantail mondialiste », *Esprit*, décembre 2018.
12 - Stewart Patrick, *The Sovereignty Wars: Reconciling America with the World*, Washington, Brookings Institution Press, 2019 (2^e^ édition).

c'est à un sentiment de perte de contrôle que les pouvoirs (démocratiques ou pas) sont confrontés, sentiment aiguisé à chaque crise internationale.

Face à cette attente d'action de la puissance publique, Emmanuel Macron candidat avait d'abord développé l'idée d'une *« Europe qui protège »*. Dans la même veine, en septembre 2017, il a proposé une *« souveraineté européenne*[13] *»* : c'est collectivement que les États européens ont le plus de chance de peser dans le monde actuel pour y défendre leurs principes et leurs intérêts. L'interdépendance entre États européens est le moyen de leur autonomie dans leurs relations avec le reste du monde. C'était déjà en partie la logique de l'euro qui, dès sa conception, visait aussi à retrouver des marges de manœuvre monétaires malgré la libéralisation des capitaux et le risque d'attaques spéculatives[14]. C'était encore la logique à l'œuvre quand l'UE a décidé, en 2003, de lancer son propre système de radionavigation par satellite, Galileo[15].

Cette aspiration à une souveraineté européenne réunit désormais un consensus assez large en Europe. Certes, le débat subsiste. Les experts critiquent un manque de rigueur conceptuelle[16], feignent de s'interroger sur l'identité du souverain ou insistent sur le caractère indivisible et inaliénable de la souveraineté[17]. Certains partenaires soupçonnent des relents protectionnistes ou une défiance par rapport aux États-Unis. Mais, sous des terminologies variées, l'idée est adoptée, de la Commission européenne (*« autonomie stratégique ouverte »*) jusqu'à la nouvelle coalition allemande (*« souveraineté stratégique »*). Le débat porte désormais plus sur la façon de faire progresser ce projet que sur son opportunité.

Le projet européen est bâti sur l'idée que les interdépendances sont positives : elles contribuent à notre prospérité et favorisent la coopération entre États membres, donc la stabilité. La construction européenne a tiré ce fil non seulement dans les relations entre États membres, mais aussi avec le reste du monde. L'arsenalisation des interdépendances est dès lors particulièrement déstabilisatrice pour l'UE. Les Européens ont pu croire

13 - Emmanuel Macron, « Pour une Europe souveraine, unie, démocratique », discours donné à l'université de la Sorbonne, Paris, 26 septembre 2017.

14 - Voir Mario Draghi, "Sovereignty in a globalised world", discours à l'université de Bologne, 22 février 2019.

15 - Si le cas de l'euro ne fait pas consensus, celui de Galileo est si clair que l'arrangement fait partie des rares coopérations dans lesquelles le Royaume-Uni aurait voulu rester à l'issue du Brexit.

16 - Voir Nicolas Leron, « Les faux-semblants de la souveraineté européenne », *Esprit*, mai 2019.

17 - Sur ce sujet, voir l'entretien avec Céline Spector dans ce même numéro.

qu'ils étaient le plus souvent du bon côté de l'asymétrie de ces interdépendances, et que les exceptions, pour douloureuses qu'elles soient, resteraient limitées. Il est de plus en plus clair que ce n'est pas le cas.

L'exemple de la souveraineté numérique européenne est à cet égard parlant. Là où les puissances souverainistes inclinent en faveur d'un cyberespace fragmenté, sous contrôle national, et favorisent, y compris par le protectionnisme, la construction d'une industrie numérique propre, l'UE cherche d'abord à préserver la possibilité d'un cyberespace « ouvert et libre ». Une stratégie européenne ne peut certes pas être naïve, et ignorer l'importance de la sécurité d'une part et de l'innovation d'autre part. Mais, au-delà de son influence normative (illustrée par le règlement général sur la protection des données de 2018 et les deux projets en cours d'adoption sur les marchés et services numériques), l'UE doit se préoccuper également des « communs numériques » qui, parce qu'ils préservent une maîtrise collective des données comme de leur valorisation, permettent justement de contester les stratégies hégémoniques – celles des États comme des plateformes[18].

Pour certains, il n'y a là rien de neuf, sinon la réalisation par les Européens de la portée géopolitique de la « puissance de marché » de l'UE. La taille du marché européen lui permet, il est vrai, d'exercer une influence considérable notamment en matière normative, comme on le sait depuis longtemps pour ce qui concerne la politique commerciale ou de la concurrence. Cette prise de conscience serait, en elle-même, un changement majeur. Mais l'idée de souveraineté européenne va au-delà de la simple valorisation de la puissance de marché, ne serait-ce que parce qu'elle se décline aussi sur les sujets de défense, et inclut un souci de projection de la puissance européenne, soulignant d'ailleurs que la souveraineté européenne ne se réduit pas non plus à l'édification d'une simple résilience européenne face aux chocs exogènes.

**L'idée de souveraineté européenne va au-delà de la simple valorisation de la puissance de marché.**

18 - Voir Benjamin Pajot, « Des barbelés sur la prairie Internet : contre les nouvelles enclosures, les communs numériques comme leviers de souveraineté » [en ligne], *France Diplomatie*, 31 juillet 2020.

## La souveraineté coopérative

La solidarisation des souverainetés, l'idée d'une souveraineté qui est aussi une responsabilité vis-à-vis de sa population comme des autres États, ne concerne pas que l'Europe. Elle reste indispensable pour construire un ordre international stable et réduire l'écart entre l'interdépendance et le contrôle. Dans le contexte de fragilités du multilatéralisme et de crispations sur les souverainetés, il est d'autant plus remarquable qu'un des succès récents de la coopération internationale ait eu lieu sur la taxation internationale des multinationales, un sujet régalien par excellence. Contre les approches fétichistes, il s'agit de tirer les conséquences du fait que la souveraineté n'est pas une finalité en soi.

La sécurité et la prospérité ne peuvent reposer sur la seule souveraineté. Le principe d'« égalité souveraine » au cœur de la Charte des Nations unies n'est pas seulement une garantie offerte aux États moins puissants contre des rapports de force trop déséquilibrés : c'est aussi une garantie offerte aux puissances que les autres puissances ne pourront pas profiter de façon excessive de ce déséquilibre au détriment des plus faibles. Dans cet esprit, l'Union européenne ne peut – sauf à s'illusionner sur la possibilité d'une *« forteresse kantienne dans un monde hobbésien*[19] *»* – construire sa propre souveraineté sans se préoccuper de celle des autres pays et régions du monde.

De même que, sur le plan numérique, l'objectif des Européens doit être de contribuer à un cyberespace « libre et ouvert », leur stratégie en Asie peut être résumée par l'objectif d'un Indopacifique « libre et ouvert » et leur stratégie en matière de coopération scientifique vise à préserver l'objectif d'une science « ouverte ». Cette récurrence de l'idée d'ouverture en dit beaucoup sur la nature des principales menaces qui pèsent aujourd'hui sur la stabilité du système international, mais aussi sur la façon d'y répondre.

Un respect strict du principe de souveraineté susciterait des problèmes plus complexes et une instabilité plus élevée que les défis auquel le souverainisme prétend répondre. Mais la souveraineté n'est pas condamnée à sa version hobbésienne. Elle peut aussi s'assumer dans une logique kantienne, où la liberté ne consiste pas en une quête d'indépendance qui permette de faire selon son bon plaisir, seul, mais plutôt à respecter

19 - Mark Leonard, « L'Europe qui protège » [en ligne], *Le Grand Continent*, 2 décembre 2017.

les règles que l'on s'est données à soi-même, et donc à contribuer sur le plan politique à leur élaboration, ce qui suppose qu'il existe un espace commun au sein duquel elles peuvent être négociées de façon libre.

Dans cette approche, il s'agit d'abord de mettre en place une politique étrangère qui apporte – notamment dans les sociétés démocratiques – une réponse aux préoccupations croissantes des populations face à ces interdépendances. Une réforme de l'ordre international doit tirer les conséquences de l'universalité – ce qui nous reconduit à la matérialité de nos interdépendances, et même à notre hétéronomie, du climat à la santé publique – et donner sa place à l'universalisme – ces interdépendances justifient une approche plurielle mais commune[20] des règles auxquelles les comportements des États doivent se soumettre pour garantir la souveraineté de chacun.

**20 - Voir Pierre Hassner, « Vers un universalisme pluriel ? », *Esprit*, décembre 1992.**

# Varia

# Les banlieues populaires ne voteront plus !

*Hacène Belmessous*

Depuis 1995, les habitants des banlieues populaires doivent supporter malgré eux les controverses délétères de la plus importante consultation politique de la vie politique française : l'élection présidentielle. Nourris au venin de l'hostilité, ils furent piégés lors des rendez-vous de 1995 et 2002 par ces thématiques pernicieuses, car fielleusement posées, que sont l'immigration, l'insécurité et les violences urbaines. Ils furent ensuite pris à partie par les mêmes charges lors des scrutins de 2007 et 2012, des offensives enrichies de deux poussées virulentes : l'identité nationale et l'islam. Depuis le scrutin de 2017 enfin, ils sont mis en cause à travers ce concentré au demeurant inassimilable constitué d'immigration, d'insécurité, de terrorisme, d'identité nationale et de grand remplacement. La séquence actuelle les piétine d'autant plus sans ménagement que les haines recuites portées à leur endroit par cet assemblage identitaire formé de l'extrême droite frontiste et des mélancoliques de la France du bonheur des bourgs et des villages, idéalisée entre autres par l'ancien éditorialiste du *Figaro Magazine*, Éric Zemmour, et les « théoriciens » du grand remplacement, ont fini par convaincre cette frange de l'opinion éduquée par les chaînes d'« information » en continu de la validité de la thèse conspirationniste, longtemps défendue par le seul Renaud Camus, d'une substitution en cours de la France des « Français de souche » par la république du métissage.

## *Note de la dernière chance*

Lorsqu'on se retourne sur ces campagnes à charge contre la frange immigrée des quartiers populaires, on constate finalement, étonné, que ces accusations venimeuses, et dont on aurait pu penser que leur soient opposées des politiques publiques en réelle mesure d'intégrer socio-politiquement ces lieux dans la communauté nationale, ont perduré sans que les différents gouvernements qui ont dirigé le pays s'en soient saisis. Pourquoi ? Pour quels motifs en effet l'État a-t-il renoncé à ses responsabilités, qui tiennent autant du contrat social que des principes d'égalité censés irriguer la République ? Nous n'affirmerons évidemment pas ici, et sur un ton définitif, qu'il a failli, les quartiers populaires n'ayant pas totalement décroché du reste du pays. Le contre-modèle étasunien qui a longtemps aveuglé les médias français et une partie de la sociologie française ne s'est heureusement pas répliqué de ce côté-ci de l'Atlantique. La race n'organise pas l'espace public français, l'universalisme freinant encore cette perspective menaçante. À certains endroits, elle est pourtant déjà palpable.

Observer de près l'histoire politique des quartiers populaires depuis quarante ans, c'est voisiner avec un immense gâchis politique. Il n'y avait en effet aucune fatalité politique à la situation actuelle, à moins de considérer que les causes de l'isolement social de certains d'entre eux trouvent leurs explications dans la nature de leur peuplement, cet argumentaire racial qui sert de réquisitoire à l'extrême droite et à la droite national populiste pour blanchir la République de ses échecs. Quand, en 1982, le gouvernement de gauche promeut la politique de la ville pour résoudre les problèmes des « quartiers défavorisés », l'enjeu de ce nouveau dispositif était de les sortir de l'enclavement social dans lequel ils s'enfonçaient. Quarante-huit quartiers furent alors identifiés pour bénéficier de cette procédure contractuelle. La philosophie de cette démarche reposait sur l'idée « de donner plus à ceux qui ont le moins ». Elle validait en creux un constat produit par diverses enquêtes sociales menées dans ces lieux depuis le mitan des années 1970, à savoir que le droit commun n'y opérait pas et qu'en conséquence, si l'État ne veillait pas à l'instaurer ici aussi, le risque était grand que la République perde à terme ces territoires. Le fondement idéologique de cette doctrine était qu'il fallait mobiliser des crédits propres pour conduire des politiques publiques spécifiques en faveur des habitants de ces territoires socialement relégués en matière d'emploi, d'éducation, de culture, de santé ou de mobilité. Nous avons mis la main, aux archives de la Caisse nationale des dépôts et consignations, sur une lettre adressée en juillet 1983 au cabinet de Pierre Mauroy, Premier ministre de François Mitterrand, qui était plus qu'une mise en garde, une injonction faite au politique, s'il persistait à être ignorant de ce qui se joue dans les quartiers populaires. La gauche était au pouvoir depuis deux ans. Pierre Saragoussi, son auteur, était un proche de Robert Lion, le directeur de cabinet de Pierre Mauroy. Titrée « Note de la dernière chance », elle évoquait la situation dans le quartier des 4000 à la Courneuve : *« À l'heure où la droite exploite avec bonheur le thème du racisme, la gauche devrait se méfier des affrontements raciaux que son immobilisme suscite car ils sont le levain des affrontements politiques de demain. L'action de la commission en faveur de tous les habitants des quartiers populaires était une réponse à la guerre fratricide qui risque d'opposer la nouvelle classe ouvrière qui se trouve être de fait multiraciale. Elle n'en a pas tellement d'autres à proposer. Tordre le cou aux espoirs est grave. Mieux vaut ne pas les faire naître. Mais à la Courneuve, n'est-ce pas déjà trop tard*[1] *? »* À la Courneuve et dans maints quartiers populaires français faudrait-il ajouter, tant un constat similaire était déjà établi dans d'autres communes du pays : Vénissieux, Vaulx-en-Velin, Roubaix, les quartiers Nord à Marseille, etc. De sorte que les procès en « sécessionnisme » ou en « communautarisme » qui sont faits à leurs habitants depuis la campagne de la présidentielle de 1995 sont partiaux et malhonnêtes. Il n'y a donc nul motif de s'étonner de ce qu'une fraction des habitants de ces territoires se soit progressivement démarquée de notre société pour mener une existence sociale recluse. Après avoir assisté, impuissants et désenchantés, aux multiples désertions de l'État à ses promesses égalitaires, ces jeunes habitants ont commencé par se révolter violemment contre leur condition de minorisés de la République – ces « révoltes sociales » que les médias populaires et le monde politique désignent comme des « émeutes » pour mieux les réduire à une dimension exclusivement délinquante – puis se sont ensuite détournés de la société française, pour finir par rompre avec elle.

1 - Pierre Saragoussi, « Note de la dernière chance », en date du 11 juillet 1983 (confidentiel).

## *Le quiproquo originel*

Chronologiquement, la dimension catastrophiste de cette note ne peut qu'interpeller. Affirmer dès 1983 qu'il était *« déjà trop tard »* pour agir, c'était « déjà » avoir cette certitude qu'au fond, la gauche arrivée au pouvoir n'avait pas compris les enjeux des révoltes sociales de l'été 1981 aux Minguettes, les premières de cette nature dans le pays, et que la politique de la ville qu'elle était en train d'expérimenter, sauf à l'accompagner politiquement, serait improductive. Il est vrai que la réalité sociale de ces quartiers était préoccupante : avec la fuite des classes moyennes françaises, de nombreux grands ensembles prenaient la forme de ghettos des catégories sociales modestes et des populations immigrées ou d'origine immigrée que les bailleurs sociaux concentraient dans des barres ethnicisées. Les conséquences sociales de ces pratiques d'enclavement, outre un sentiment de disqualification ressentie par les locataires qui se vivaient comme des assignés dans un environnement social jugé comme sans perspective, était destructeur pour leur vie sociale. Est-ce que la gauche avait alors occulté cette réalité désagréable ? Il semble que l'avertissement de Pierre Saragoussi désignait cette ambiguïté politique d'un gouvernement qui projetait dans son programme des intentions de justice et d'égalité sociales, mais dont lesdits principes n'étaient pas mis en acte. Poussé à la question sur les motifs de ce déphasage politique, Pierre Saragoussi évoque aujourd'hui des causes raciales. *« Je pense que l'idée que cette population allait s'installer durablement en France est une chose qui n'a jamais occupé les esprits. Dès qu'ils sont arrivés, il y a toujours eu cette idée : "Ils nous ont foutus à la porte de l'Algérie, ils repartiront, et leurs enfants aussi" »*, nous déclare-t-il[2]. Nous sommes sûrement là au cœur du quiproquo originel : la politique de la ville n'a pas été pensée comme une procédure de droit commun au profit de tous les habitants des quartiers populaires, ce qui supposait qu'elle articulerait justice sociale, justice spatiale et égalité de traitement entre tous les citoyens, mais comme une réponse à une situation inédite, celle d'un urbanisme rapidement devenu obsolète en raison de multiples défaillances de la chaîne immobilière. C'est pour cette raison que les premiers dispositifs de politique de la ville se sont attachés à réhabiliter un bâti dégradé, à redonner des couleurs aux façades grises des immeubles, à

2 - Cet entretien a eu lieu dans le cadre de notre ouvrage *Petite Histoire politique des banlieues populaires*, paru en mars 2022 aux éditions Syllepse.

aménager les espaces extérieurs et à vitaliser le quotidien de ces quartiers en y engageant des politiques de loisirs et d'insertion sociale. Aucune de ces propositions n'était à la hauteur du défi posé à la République par ces territoires socialement relégués. Les moyens financiers engagés par l'État pour réduire certaines disparités étaient certes substantiels, mais l'équité territoriale passait d'abord et exclusivement par une égalité des conditions entre les habitants de ces quartiers avec leurs « pairs » des villes « favorisées ».

Les mécanismes à l'œuvre étant très loin des attentes et du réel vécu et subi par ces habitants, l'explication par l'idéologie raciale développée par Pierre Saragoussi prend ici tout son sens. Elle révèle la fluidité de cette orientation dans son approche des banlieues populaires au sein des élites de gauche. Une communication du Premier ministre Pierre Mauroy en date du 14 décembre 1981, soit six mois après l'arrivée de la gauche au pouvoir et les révoltes vénissianes, témoignait déjà de cette volonté d'opérer une distinction entre le *Eux* étranger et le *Nous* national : *« L'État apportera une aide financière – en études et en moyen de fonctionnement – à la constitution d'une commission locale de concertation, regroupant l'ensemble des parties concernées et dont l'objet sera de réfléchir aux problèmes de programmation et d'attribution et de favoriser une collaboration entre les organismes gestionnaires*[3] *»*, déclarait le chef de gouvernement. Le mot le plus saisissant dans cet extrait est « attribution ». Il rend compte en effet d'un présupposé culturel, à savoir que dans l'environnement social des banlieues populaires, il y a un lien entre le mal de vivre des habitants de ces lieux et leur peuplement. Autrement dit, les formes culturelles spécifiques de ces individus sont à l'origine des désordres urbains et sociaux qui se manifestent dans ces quartiers. Un passage plus en avant de cette communication est encore plus explicite : *« Bon nombre de ces actions s'adressent en priorité aux jeunes immigrés. C'est, à travers le ministère de la Solidarité nationale, le ministère de la Jeunesse et des Sports et le secrétariat d'État aux Immigrés, une enveloppe globale de quelque cinq millions de francs qui sera attribuée aux communes de l'Est lyonnais. »* En particularisant les mesures contenues dans une politique publique à une population identifiée exclusivement comme « immigrée » quand ces jeunes étaient majoritairement français, le Premier ministre

**3 - Premier ministre, Communication de Monsieur le Premier ministre au Conseil des ministres du 23 décembre 1981, document en date du 14 décembre 1981.**

socialiste les constituait comme un groupe à part, reprenant ainsi dans son argumentaire une catégorisation qu'on repérait d'abord dans la presse conservatrice – *Le Figaro* présentait en 1981 les Minguettes comme un *« quartier immigré »* – ou dans les slogans de l'extrême droite frontiste. D'une certaine manière, les confiner dans une identité flottante – des jeunes immigrés nourris à une culture plurielle –, c'était contester une réalité déjà indiscutable : nés en France ou pas, il était patent que ces individus y resteraient. Les désigner ainsi revenait à les assimiler à des figures de passage : leurs pères étant venus travailler sur le territoire national, sitôt qu'ils retourneraient dans leur pays d'origine, il était évident que leurs enfants, même nés ici, repartiraient avec eux. Travailleurs immigrés, jeunes immigrés, trajectoires communes : il y avait là comme la promesse d'une prophétie autoréalisatrice. Il est frappant de constater que la gauche partageait une vision proche de celle de la droite conservatrice, réduisant ce groupe social à un bloc transitoire sur le territoire national. La droite avait proposé de les reconduire à la frontière en les appâtant avec une prime de 10 000 francs[4] pour solde de tout compte[5], la gauche de gouvernement leur accordait un statut générique, une identité indéfinie en marge de la nation.

## *Une concentration de bons sentiments*

Quand en 2003, le ministre de la Ville, Jean-Louis Borloo, vanta les mérites de la rénovation urbaine à travers des opérations de destruction massive du parc de logements sociaux, la duperie avait fini d'opérer. Dans les quartiers populaires, personne n'attendait plus rien de la politique de la ville, si ce n'est de ne pas être embarqué vers des communes encore plus reléguées. Pris dans l'étau de la mutation sociale de leur ville, consécutive à un processus de gentrification accélérée et à une diminution du parc social, les habitants observaient résignés les effets de cette propagande sur une supposée amélioration de leur existence

4 - Soit 1 524 euros.
5 - Le 30 mai 1977, le gouvernement dirigé par Raymond Barre avait mis en place une mesure d'aide financière destinée à inciter les chômeurs étrangers secourus de 23 nationalités à regagner leur pays. Quatre mois plus tard, ce dispositif était étendu aux chômeurs non secourus ainsi qu'aux salariés ayant au moins cinq années d'ancienneté. De juin 1977 à décembre 1978, 24 461 demandes avaient été faites, soit 4 % environ des bénéficiaires potentiels.

sociale. Avaient-ils d'autres choix ? Dans le gouvernement dirigé par Jean-Pierre Raffarin, les tâches étaient bien réparties : au ministre de l'Intérieur, Nicolas Sarkozy, la prise de parole sécuritaire ; au ministre de la Ville, derrière une nonchalance surjouée, la réalisation de ce faux équilibre d'un pouvoir attentif à la justice sociale. Le flot de paroles de Jean-Louis Borloo et ses collages d'un futur aspiré par un mieux-vivre ne résistèrent bien entendu pas au réel immédiat dans ces quartiers et à ce mélange de frustration et de colère parmi les jeunes habitants. Les révoltes sociales de l'automne 2005 précipitèrent la fin de cette mise en scène. Le message façonné de l'extérieur était doublé par le présent immédiat. La politique de la ville se révélait être ce qu'elle est finalement depuis ses origines : une concentration de bons sentiments discourant sur une France égalitaire et mobilisée au plus haut sommet de l'État contre le différentialisme ethnique quand, dans le même temps, les grands ensembles mutaient progressivement en espaces de cantonnement des pauvres, des étrangers et des Français ethniquement discriminés. Durant vingt-trois ans, c'est-à-dire entre le lancement en 1982 des programmes DSQ (Développement social des quartiers) et les révoltes de 2005, une société des exclus de la République s'est édifiée sur le territoire national, socialement homogénéisée par un peuplement méthodiquement organisé par les bailleurs sociaux et les élus locaux – dominée ici par un mode de vie arabe, là par celui de la communauté sénégalaise, ailleurs celui des Sri-Lankais. Pendant ce temps, l'État social s'échinait à faire consommer massivement ces filets sociaux qu'il bricolait à chaque secousse dans ces micro-territoires, pour neutraliser la rage de leurs jeunes habitants : Banlieues 89 et Contrats de ville sous les deux mandats de François Mitterrand, Pacte de relance pour la ville en 1996 sous la présidence Chirac, chaque majorité politique formula un discours sans intention égalitaire, faute justement de desseins politiques, de sorte qu'il faut interroger aujourd'hui ces stratégies qui ont délibérément nié à travers des discours détachés du réel ce qu'elles étaient en train de produire en creux dans ces lieux. Le président socialiste François Mitterrand croyait-il vraiment la déclaration qu'il fit à Bron en décembre 1990, soit quelques semaines après les révoltes sociales de Vaulx-en-Velin, sur « la remise à niveau » des banlieues populaires à échéance de 1995 ? *« Il faut que la société tout entière se mobilise, sache se dépasser et donne la priorité à l'homme. Le reste suivra »*, affirma-t-il ce jour-là. Il ne suffit pas de dire les événements qu'on veut produire pour qu'ils se produisent réellement. Plutôt que de se demander si le chef d'État socialiste s'est renié par la suite, ce sont les actes qui ont suivi qui répondent à cette question : création d'un ministère de la Ville en 1991 sans budget solide ni capacité à tenir tête aux ministères régaliens (le Budget, l'Intérieur, etc.) ; aucune mobilisation programmatique réellement efficace contre les discriminations à l'emploi, au logement et à l'accès à la culture subies par les populations des quartiers de la politique de la ville, contre les pratiques policières à l'endroit de ces mêmes populations, contre enfin les processus de ghettoïsation des écoles situées dans le périmètre de leur carte scolaire ; nomination de Bernard Tapie à la tête de ce ministère en 1992, le profil du patron de l'équipe de football de Marseille étant considéré comme le parfait vulgarisateur de la politique de la ville. Au bout du compte, en produisant l'illusion d'un engagement public dans ces lieux en attente de droit commun, l'État y fit d'emblée son deuil d'une perspective d'égalité. Comment ces individus pouvaient-ils se considérer comme les pairs de ceux qui vivent dans la société du droit commun quand leurs demandes de repères dans la République n'ont jamais été satisfaites ? Pour faire de ces individus des citoyens, il eût fallu les considérer comme tels.

## *La ville décomplexée portée par la droite*

L'idée que la justice sociale s'incarne en partie dans la justice spatiale est rejetée par l'ordre systématisé dans les villes dirigées par la droite. La droite décomplexée prône en effet une ville décomplexée, c'est-à-dire construite d'abord sur des principes différentialistes. Le clivage entre la droite et la gauche n'étant plus économique – pour le dire vite, la ville libérale opposée à la ville sociale-démocrate –, cinq années de politique économique conduite par le gouvernement de Lionel Jospin (de 1997 à 2002) ayant vidé de son sens cette distinction idéologique, il est depuis lors culturel. La ville décomplexée est une ville en rupture avec les principes républicains, bien qu'elle s'en réclame. Réfractaire à l'égalité, elle porte aux nues une idée neuve au pays de l'universalisme : l'égalité des chances. L'universalisme légitimait un ordre juste contre la violence de l'arbitraire. Avec l'avènement de l'égalité des chances, on considère que le fait inégalitaire est absolu. La garantie d'une « bienveillance universaliste », théorisée par le philosophe Yves Michaud, cette égalité de traitement, même si elle n'a jamais été effective dans les quartiers populaires, ne se poserait plus en arrière-fond de la République, ni ne constituerait l'un des fondements du contrat social. Dans ce nouvel environnement, il n'est plus question de combattre les processus de discrimination, de ségrégation ou d'exclusion, mais de glorifier l'esprit de conquête des mal-nés, ces hommes et ces femmes audacieux et pleins d'abnégation, et qui se prennent en charge dans la tourmente de leur malheur. *« Il serait profondément injuste d'aider indistinctement les individus qui font des efforts et ceux qui persistent à n'en faire aucun, ceux qui respectent les règles de la vie commune comme ceux qui les bafouent. On ne peut valablement aider que ceux qui veulent véritablement s'en sortir*[6] *»*, prévenait Nicolas Sarkozy, ministre de l'Intérieur, sitôt que les colères sociales de l'automne 2005 s'étaient tues. Ce propos qui emprunte aux thèses méritocratiques ne doit pas leurrer. Il annonce que désormais, le champ social, c'est la guerre. L'idéologie contenue dans la méritocratie affirme en effet la fin d'un idéal de condition, occultant de fait le caractère ségrégatif et discriminatoire de la société française. En soumettant les habitants des quartiers populaires à l'épreuve des dispositions de chacun et chacune à s'adapter – Arabes, Noirs, musulmans doivent afficher une volonté de *« s'en sortir »* s'ils ne veulent pas être abandonnés par l'État –, la ville décomplexée condamne de façon irréversible les habitants des quartiers populaires dans leur *droit d'avoir des droits*. Autrement dit, ou ils se soumettent à l'épreuve du hasard, ou la France de l'égalité des chances leur réservera un destin sans appel de minorisés de la République. Deux ans plus tard, devenu président de la République, Nicolas Sarkozy décrivait les bienfaits de la régulation sociale par cet ordre ethno-différentialiste. Présentant son projet politique dans les quartiers dans un plan censé libérer leurs habitants d'eux-mêmes, « Espoir banlieue » était son nom, son discours assumait cet état d'exception des banlieues populaires. *« Le malaise* [dans ces quartiers] *ne vient pas seulement de l'urbanisme et de l'architecture, il n'est pas seulement économique ou social, il est plus profond, il est aussi identitaire, il est*

**Il n'est plus question de combattre les processus de discrimination, de ségrégation ou d'exclusion, mais de glorifier l'esprit de conquête des mal-nés.**

6 - Tribune de Nicolas Sarkozy dans *Le Figaro*, 25 novembre 2005.

*culturel, il est moral.* [...] *Nous voulons empêcher que le communautarisme, les tribus et les bandes finissent par miner définitivement la République* [...] *C'est ce que Fadela Amara*[7] *s'emploie à faire avec ardeur depuis huit mois, avec succès puisque vous êtes là. Fadela, elle n'a jamais appartenu à la famille politique dont je suis issu, elle n'a jamais partagé mes engagements et je ne lui ai pas demandé de renier les siens, d'oublier ses convictions, son histoire*[8]. » Cette identification d'un programme politique à la figure catégorisée de la secrétaire d'État qui doit le porter est inédite. Fadela Amara n'est pas reconnue ici en tant que telle, une ministre de la République, mais sous une identité distincte. « Fadela », l'usage du seul prénom pour la nommer établit artificiellement ce sentiment supposé d'une communauté nationale diverse et qui se partage. Seulement, ce qui trahit cette rhétorique nourrie au sentiment moral, c'est qu'elle ne peut pas s'empêcher d'opposer le « nous » de la communauté nationale, cette communauté des pairs, au « tu » qui assigne l'autre à une filiation infériorisante, ce milieu d'origine tenu par *« le communautarisme, les tribus et les bandes »*. Fadela Amara était peut-être secrétaire d'État d'un gouvernement de la République, le différentialiste ethnique qui régit la ville décomplexée justifie pourtant cette différence de statut. « Fadela » aura la reconnaissance républicaine pour son parcours social, concentré dans ces aptitudes que Nicolas Sarkzoy appelle *« son ardeur, ses engagements, son histoire »*, le voile épais du différentialisme ethnique bloque cependant tous ses espoirs banlieusards d'une logique de réciprocité. C'est déjà sous cette description ethno-raciale que Nicolas Sarkozy avait nommé en janvier 2004 Aïssa Dermouche, « préfet musulman ». Fadela Amara et Aïssa Dermouche ont ces qualités sociales jugées essentielles aux yeux de la droite décomplexée (sens de l'ordre, patriotisme, discipline sociale, etc.), mais dans la République de l'égalité des chances, ces aptitudes ne font pas d'eux des égaux.

## *Ils ne voteront plus*

Au premier tour du scrutin des régionales de juin 2021, la liste socialiste est arrivée en tête à Vaulx-en-Velin avec 24,20 % des voix, devant le candidat de la droite qui en obtenait 20,30 %. Le taux d'abstention a été très

7 - Fadela Amara fut secrétaire d'État chargée de la Politique de la ville entre 2007 et 2010.
8 - Déclaration de Nicolas Sarkozy sur une nouvelle politique pour les banlieues, Paris le 8 février 2008.

élevé, puisque 88,34 % des électeurs inscrits ne se sont pas déplacés. Lors du même scrutin à Grigny, dans l'Essonne, la liste de droite a recueilli 18,01 % des voix devant la liste socialiste, qui a récolté 16,07 % des bulletins exprimés. Le taux d'abstention a atteint 81,52 %. En 2022, la démocratie ne sonne plus en ces lieux. Cet aveu, aucun gouvernement, aucun élu de la République ne le fera ouvertement. Seulement, chaque scrutin parle de lui-même. Depuis l'hiver 2005, les quartiers populaires ont appris à se taire. Leurs habitants ne font que mimer une vie citoyenne commune – les enfants vont à l'école, les adultes travaillent, cherchent un boulot ou patientent dans des formations superflues, les jeunes font du sport ou de la musique, les croyants vont au culte, des familles se préoccupent du bien-vivre dans la cité. Mais tous ont plus ou moins conscience que leur malheur, c'est le discrédit social dont ils sont l'objet par-delà les frontières de leur quartier. Dehors, ils inspirent toutes sortes de détachements : répulsion, peur, indifférence. Alors que les rapports administratifs et les enquêtes scientifiques décrivent dans les grandes largeurs les contrecoups sociaux inquiétants de la minorisation de ces individus dans la société française, cette réalité désagréable n'est même plus considérée comme telle. Les quartiers populaires sont destinés à la ruine. Le temps n'est plus à un énième plan Marshall pour apaiser leur colère. Dans ce contexte de repli sur eux-mêmes, et où leur existence sociale se restreint à la communauté des voisins, la démocratie, le suffrage universel sont des points fixes au-dessus de leur tête. Puisque la représentation politique s'est débarrassée d'eux, ils ne voient en elle qu'une imposture qui tente de s'introduire en fraude, d'une élection à l'autre, dans leur vie autarcique. Alors, ils ne votent plus, et assistent, invisibles, à la « vie démocratique française ». Personne ne peut sérieusement croire que la vie des habitants des quartiers populaires va changer favorablement à l'issue de la prochaine élection présidentielle. Le mensonge républicain d'une France de l'égalité a épuisé toutes les bonnes volontés. Les marcheurs de l'automne 1983 ou les révoltés de l'automne 2005 ont été aspirés par le néant de promesses jamais tenues. Incarnant le démon des mauvaises consciences françaises, les banlieues populaires n'ont plus le désir d'avancer dans cette mascarade. Elles préfèrent faire *opinion à part*, autrement dit, qu'on les laisse seules, en paix.

# Le devenir africain du monde, une utopie ambiguë

*François Giovalucchi*

Il y a bien longtemps, Gérard Chaliand douchait des espérances déjà malmenées par le réel, en dénonçant les *« mythes révolutionnaires du tiers monde*[1] *»*. La croyance d'alors dans les potentialités de transformation du monde par les révolutions sud-américaines et, à un moindre degré, arabes, suscite désormais des sourires entendus, mi-contrits, mi-nostalgiques. L'Afrique subsaharienne n'avait guère fait rêver. Lumumba était mort trop tôt. L'expérience du Che avait tourné court au Congo[2] où les hommes de celui qui allait devenir le président Laurent-Désiré Kabila étaient plus avides de femmes et de bière que de victoires. Les désillusions des indépendances étaient bien vite devenues manifestes, et l'une des expériences qui avait suscité le plus d'espoirs, l'Ujamaa de Julius Nyerere, avait tristement échoué. Mais une nouvelle petite musique résonne désormais à nos oreilles, à travers ouvrages, interviews, et tribunes : le devenir du monde serait africain[3].

1 - Gérard Chaliand, *Mythes révolutionnaires du tiers monde. Guérillas et socialismes*, Paris, Seuil, 1976.
2 - Voir Paco Ignacio Taibo II, Froilán Escobar et Félix Gerra, *L'Année où nous n'étions nulle part. Extraits du journal de Ernesto Che Guevara en Afrique*, trad. par Mara Hernandez et René Solis, Paris, Métailié, 1995.
3 - Je remercie Gilles Carasso, Olivier D'Hont (université Panthéon-Sorbonne), Davy Dossou s.j. (Université catholique de Madagascar) et Jean-Pierre Olivier de Sardan (CNRS-EHESS) de leurs commentaires, mais je reste seul responsable du présent texte.

## Dernière frontière du capital, ou porte de sortie du néolibéralisme ?

Curieusement, l'idée selon laquelle l'Afrique est l'avenir du monde est partagée par ceux qui voient dans le continent la dernière frontière du capitalisme, et par ceux qui espèrent y trouver des inspirations pour sortir du néolibéralisme. Le discours des premiers est bien connu, surtout en France. L'Afrique a connu une croissance soutenue pendant deux décennies et se montre résiliente face au Covid ; sa population jeune et croissante est une chance ; la technologie, où ses entrepreneurs excellent, lui permettra de brûler les étapes du développement ; des classes moyennes émergent et se ruent dans les centres commerciaux. La crise de la dette qui se profile est un épiphénomène, voire le résultat des appréciations discriminatoires des agences de notation. Bref, c'est grâce au continent que l'économie mondiale retrouvera le chemin de la prospérité.

Cette fable néolibérale de la sortie de la misère par l'entreprise et la technologie, nonobstant le maintien de pouvoirs voués à la captation de rentes, se heurte à des réalités moins joyeuses : chômage massif et dépendance au prix des matières premières faute de modernisation de l'agriculture et d'industrialisation, endettement non soutenable pour financer des projets souvent peu utiles et surfacturés, et *in fine* augmentation du nombre de pauvres[4]. Cela n'empêche pas un observateur aussi avisé des économies africaines que Carlos Lopes de titrer la traduction française de son dernier ouvrage *L'Afrique est l'avenir du monde*[5], alors que ledit ouvrage ne dissimule pas les échecs accumulés et les difficultés présentes de ces économies. Mais de quel avenir parle-t-on ? Le principal argument, repris par d'innombrables commentateurs, est celui de la croissance démographique du continent, présenté tantôt comme le gage d'un marché futur en expansion, tantôt comme ce qui rend « indispensable » le développement du continent. L'image de la déferlante migratoire, tant

4 - Voir François Giovalucchi et Boris Samuel, « Entre illusions et espoirs, une Afrique émergente ? », *Annales des Mines – Réalités industrielles*, vol. 2019, n° 3, 2019, p. 24-28.

5 - Carlos Lopes, *L'Afrique est l'avenir du monde. Repenser le développement*, trad. par Cyril Le Roy, Paris, Seuil, 2021. Le titre initial de l'ouvrage est *Africa in Transformation: Economic Development in the Age of Doubt* (Palgrave Macmillan, 2018), ce qui conduira Jean-Pierre Boris à demander à son auteur si le titre n'était « *pas un peu racoleur et destiné à un public français* », dans l'émission *Éco d'ici éco d'ailleurs* sur RFI le 31 mars 2021.

reprochée à Stephen Smith[6], dont on a voulu un peu vite faire un Jean Raspail contemporain, est implicitement relayée par ces discours qui se veulent dictés par l'amour de l'Afrique et la foi en son destin.

Pour ceux qui voient aujourd'hui en l'Afrique la terre où peut s'inventer un monde meilleur[7], il n'est plus question de conquête du pouvoir, ni *a fortiori* de guérillas. Plus sagement, il s'agit, c'est selon, de laisser s'exprimer une ontologie, de redécouvrir (ou de réinventer ?) de vieilles traditions ou de s'inspirer d'un système de valeurs plus récent, l'*ubuntu* sud-africain, et enfin d'être à l'écoute de la « société civile ». Que pourrait donc nous apporter l'Afrique ? Une sortie de la dualité nature-culture et de la coupure entre les hommes et les autres vivants, animaux ou végétaux, et une autre façon d'être ensemble, faite de partage et de communs retrouvés. L'Afrique n'est certes pas le seul continent nous offrant ces possibilités de régénération. Les travaux récents les plus en vue (notamment ceux de Philippe Descola et d'Eduardo Viveiros de Castro) qui ouvrent ces perspectives concernent l'Amérique latine. Xavier Ricard Lanata, s'il écrit surtout sur l'Amérique latine, confère au Sud entier cette capacité régénératrice[8]. Mais, en France, l'Afrique tient la corde : elle est à la fois l'Autre absolu, et le continent à qui il faut donner des gages, si l'on veut sauver ce qui peut l'être d'une relation abîmée par cinquante ans d'une Françafrique désormais à l'agonie, et qui n'est plus guère que le bouc émissaire des désillusions subsahariennes.

Les arguments ne manquent pas pour faire des Africains un nouveau peuple élu. Senghor déjà, reprenant à son compte les conceptions sur la mentalité primitive de Lévy-Bruhl, de longue date abandonnées, fait du Noir *« un être aux sens ouverts, perméable à toutes les sollicitations, aux ondes mêmes de la nature, sans intermédiaire entre le sujet et l'objet[9] »*. Pour Achille Mbembe, l'Afrique ayant été la première victime d'une brutalisation néolibérale du monde qui tend à transformer aujourd'hui tout humain en marchandise, comme jadis le fut l'Africain vendu comme esclave, son

6 - Stephen Smith, *La Ruée vers l'Europe. La jeune Afrique en route pour le Vieux Continent*, Paris, Grasset, 2018.

7 - Voir Achille Mbembe, *Brutalisme*, Paris, La Découverte, 2020 et Felwine Sarr, *Afrotopia*, Paris, Philippe Rey, 2016.

8 - Xavier Ricard Lanata, *La Tropicalisation du monde. Topologie d'un retournement planétaire*, Paris, Presses universitaires de France, 2019.

9 - Léopold Sédar Senghor, *L'Homme de couleur*, Paris, Plon 1939, cité par Jean-Godefroy Bidima, *La Palabre. Une juridiction de la parole*, Paris, Michalon, 1997, p. 94.

expérience tragique confère au continent une capacité de résistance et un devoir de proposer des utopies salutaires. L'Afrique est une terre où l'idée de réparation est très présente, et peut être offerte au monde. Étant la moins entrée dans la mondialisation et la marchandisation capitalistes, l'Afrique est la mieux à même d'en sortir. N'ayant pas mis en œuvre les recettes du développement à l'occidentale qui conduit le monde à sa perte, elle est bien placée pour proposer de nouvelles voies, rejoignant ainsi la figure du cancre visionnaire de Prévert : *« Malgré les menaces du maître / sous les huées des enfants prodiges / avec les craies de toutes les couleurs / sur le tableau noir du malheur / il dessine le visage du bonheur*[10]. *»* Le caractère équivoque du discours du devenir africain du monde, assemblage idéologique baroque, étant posé, c'est à son versant prophétique présentant l'Afrique comme source d'invention d'un monde meilleur que cet article est consacré.

## Afrique abstraite et mythifiée

Au moment où l'historicité ses sociétés africaines finit par être largement reconnue, c'est une Afrique mythifiée qui est en filigrane dans ce discours. L'ethnophilosophie, entendue comme *« la recherche imaginaire d'une philosophie immuable, commune à tous les Africains, quoique sous une forme inconsciente »*, a été dénoncée par Paulin Hountondji[11], tandis que Fabien Eboussi Boulaga nous rappelait qu'*« il n'y a pas de tradition africaine car il n'y a pas d'Africain*[12] *»*. Pourtant, dans ce discours, l'Afrique est substantifiée en *« une entité générale et abstraite pour désigner des réalités très particulières et particularistes*[13] *»*. Enfin, la capacité rédemptrice invoquée peine à convaincre. Il est difficile de voir dans l'Afrique atroce dépeinte par Achille Mbembe la terre où éclora un avenir désirable : *« Il s'agit, en réalité, de pays sous tutelle, de crypto-colonies sous la coupe du capital international et de bonzes gâteux dont l'essentiel du travail consiste à gérer des meurtres et à faire avorter la vie. La seule*

10 - Jacques Prévert, *Paroles*, Paris, NRF, 1949.

11 - Paulin J. Hountondji, *Sur la « philosophie africaine ». Critique de l'ethnophilosophie*, Paris, François Maspero, 1977.

12 - Fabien Eboussi Boulaga, *La Crise du Muntu. Authenticité africaine et philosophie*, Paris, Présence africaine, 1997.

13 - Jean Copans, « Penser l'Afrique ou connaître les sociétés de l'Afrique ? », *Cahiers d'études africaines*, nº 233, 2019, p. 215-269.

*chose qui, ici, semble mouvoir la foule est le besoin organo-biologique. Tous, maîtres et esclaves, bourreaux et victimes, chefs et sujets se prennent à longueur de journée pour ce qu'ils ne sont pas ou ne pourraient être*[14]. »

La réalité africaine est douloureuse pour le plus grand nombre, mais s'accompagne-t-elle de visions libératrices ? Avec la fin des utopies tiers-mondistes et panafricaines et l'adoption intéressée de la rhétorique de la bonne gouvernance, les discours politiques africains n'incitent pas plus au rêve que les discours français. Qu'observe-t-on ? Les théoriciens du devenir africain du monde n'étant pas avares de généralités, osons-en quelques-unes, sous forme de faits stylisés sans prétention scientifique, mais issus de l'observation quotidienne. Plus qu'en Occident saisi par le doute, la volonté de maîtrise de la nature demeure vivace en Afrique, et plus généralement dans les pays du Sud. L'imaginaire africain de la modernité est celui du béton et du bling-bling, au moins pour les plus riches, avec des effets classiques de mimétisme sur le reste de l'échelle sociale. C'est vrai pour les grandes infrastructures (villes nouvelles quasi fantômes à côté de capitales délabrées et surpeuplées, échangeurs, aérogares neuves rutilantes pour des trafics modestes…) très prisées des pouvoirs. C'est vrai aussi pour l'habitat. Dans la résidence des nantis, l'arbre est un ennemi. La cour doit être bitumée et l'emprise de la maison être la plus grande possible, laissant un étroit passage entre elle et les grands murs de clôture. Le pouvoir du fonctionnaire engoncé dans son costume se mesure à la puissance du climatiseur qui fait souffler un froid glacial dans son bureau éclairé artificiellement toute la journée. L'animal, même sauvage, est avant tout une ressource : la consommation de viande diminue dans les classes supérieures européennes ; en Afrique, elle demeure un signe de richesse, surtout pour la viande de brousse, très prisée des élites. Enfin, le qualificatif « villageois » est péjoratif.

**Qui dira la quête effrénée des objets dans la ville africaine ?**

L'idée selon laquelle la marchandisation du monde est moins avancée en Afrique est éminemment contestable. Une version singulièrement chimérique d'une Afrique détachée des choses et tournée vers la relation entre personnes est mobilisée. Qui dira la quête effrénée des objets dans la ville africaine : vêtements, perruques, montres, bijoux, téléphones, voitures ? Il est des domaines où la marchandisation y est plus avancée qu'en

14 - A. Mbembe, *Brutalisme*, *op. cit.*

Occident : c'est le cas notamment du sexe, relation primordiale. Dans son dernier ouvrage, *Afrodystopie. La vie dans le rêve d'autrui* (Karthala, 2021), Joseph Tonda propose, à partir du cas gabonais, une analyse du rôle de l'argent dans les sociétés animistes : *« Sans argent, rien n'est possible. Notre vie est devenue débitrice de cette chose. C'est celle qui commande le monde. Introduite dans les sociétés africaines – là où des choses fabriquées et consacrées rituellement s'érigent en entités ayant le pouvoir d'agir, de penser, de protéger –, cette chose est la puissance qui fait tout*[15]. » Il est au demeurant frappant de constater que ce que le discours afro-optimiste met en avant comme preuve du côté précurseur de l'Afrique en matière de technologies est la circulation numérique de l'argent *via* les téléphones portables *(mobile money)*.

Enfin, appeler aux retrouvailles avec une supposée concorde tirée de l'histoire ancienne apparaît bien périlleux. Aujourd'hui, les fantômes du passé lointain qui reviennent hanter le présent ne sont pas ceux des vivants dans l'harmonie primitive. Bien au contraire, de l'histoire précoloniale et du début de la colonisation, c'est la part la plus sombre, refoulée par l'élan nationaliste des indépendances, qui refait surface : l'esclavage domestique[16]. Le statut implicite de descendant d'esclave limite ou empêche l'accès aux responsabilités politiques ou à la terre, peut faire obstacle à un traitement judiciaire équitable et pèse sur les relations sociales (mariage en particulier). Au Sahel mais aussi à Madagascar ou au Kenya notamment, ces descendants se mobilisent désormais[17]. Au Mali, cette mobilisation va jusqu'à prendre la forme de la participation au djihad pour les Riimaybe, descendants d'esclaves de Peuls[18].

15 - Joseph Tonda : « En Afrique, l'argent se mange », propos recueillis par Laurence Caramel, *Le Monde*, 15 août 2021.
16 - Voir Ibrahima Thioub, « Postface. Traites et esclavages en Afrique : mémoires vivantes et silence historiographique », dans Myriam Cottias, Élisabeth Cunin et António de Almeida Mendes (sous la dir. de), *Les Traites et les esclavages. Perspectives historiques et contemporaines*, Paris, Karthala, 2010, p. 377-386.
17 - Voir le numéro de *Politique africaine*, « Post-esclavage et mobilisations », vol. 140, nº 4, 2015.
18 - Voir Julien Antouly, Bokar Sangaré et Gilles Holder, « Le djihad dans le centre du Mali : lutte de classes, révolte sociale ou révolution du monde peul ? » [en ligne], *The Conversation*, 23 septembre 2021.

## *L'illusion communautaire*

Le philosophe Jean-Godefroy Bidima pointait déjà, il y a près d'un quart de siècle[19], l'impasse commune à plusieurs mouvements africains (panafricanisme de N'Krumah, socialisme Ujamaa de Nyerere, socialisme africain de Senghor, négritude) : la négation du conflit et la perception des sociétés comme communautés solidaires, plus ou moins fondées sur la parenté, le tout renvoyant à une *« mystique de la communauté noire »*. Les analyses de Jean-Godefroy Bidima s'appliquent bien au discours contemporain du devenir africain, qui relève de la recherche de l'harmonie primitive. Les expériences politiques basées sur ces idéologies ont eu le destin que l'on sait. Aujourd'hui, l'invocation politique de la communauté reste lourde de dérives, et la recherche de communautés introuvables est propice aux déconvenues.

Madagascar, où ces lignes sont écrites, constitue un lieu privilégié d'observation de l'ambiguïté politique de l'invocation de la communauté en tant qu'incarnation de valeurs ancestrales. Le *fihavanana* est aujourd'hui revendiqué comme une caractéristique essentielle de la tradition malgache. *« Dérivé de* havana *(parent), le mot* fihavanana *désigne les relations sociales vécues sur le mode parental*[20]. » C'est seulement à partir de la fin des années 1950 que le *fihavanana* est promu à la fois par les intellectuels penseurs de l'autochtonie et par l'Église catholique soucieuse de faire barrage à la diffusion des idées communistes, en convergeant dans la célébration du retour aux valeurs paysannes, loin des tentations de la ville[21]. Le concept est mouvant, ayant pour champ d'application la famille, le village ou la nation. Les illusions du *fihavanana* au niveau national dans un pays très hiérarchique et inégalitaire seront dénoncées par la jeunesse étudiante participant aux émeutes qui conduiront à la fin de la Première République en 1972. Cela ne fera pas obstacle à son inscription dans la Constitution à partir de 1992. Au niveau villageois, la traduction essentielle du *fihavanana*, l'entraide dans les travaux agricoles, sera peu à peu éliminée par l'extension du salariat, la diversification des métiers et la

19 - J.-G. Bidima, *La Palabre*, *op. cit.*
20 - Patricia Rajeriarison et Sylvain Urfer, *Madagascar. Idées reçues sur la Grande Île*, Paris, Le Cavalier bleu, 2016.
21 - Voir l'avant-propos de Françoise Raison-Jourde dans Peter Kneitz (sous la dir. de), *Fihavanana. La vision d'une société paisible à Madagascar*, Halle-sur-Saale, Université Halle-Wittenberg, seconde édition, 2016.

baisse des rendements[22]. Le *fihavanana* peut être invoqué pour justifier des pratiques de parasitisme vis-à-vis du membre de la famille qui a réussi, et au-delà, justifier népotisme et clientélisme. Présenté comme « contrat de citoyenneté », il entretient la fiction d'une société harmonieuse et, s'il a contribué à limiter la violence politique dans un pays instable[23], il incite les dominés à ne pas demander de comptes aux gouvernants et à se soumettre.

L'aide au développement, faute de partenaires institutionnels fiables ou pour des raisons idéologiques où le souci néolibéral d'endiguement du service public fait bon ménage avec la célébration de l'*empowerment* et de la démocratie participative, déploie depuis les années 1970 ses interventions vers des communautés à l'existence douteuse, en revendiquant comme novatrice une démarche qui remonte au *« populisme colonial*[24] *»* de l'entre-deux-guerres où les administrations britanniques et françaises valorisèrent la participation et le savoir des « paysans noirs ». Il fallait en effet préserver ces derniers des tentations suscitées par les entreprises commerciales européennes et les soustraire à l'influence néfaste des nouvelles couches sociales contestatrices africaines. La gestion communautaire de points d'eau, dispensaires, ressources naturelles, etc., se heurte à la réalité bien politique de l'*« arène locale*[25] *»* où, le plus souvent, chefferie, jeunes, citadins originaires et *« courtiers en développement »* s'affrontent sur fond de privatisation implicite et de captation financière.

L'invocation de la gestion coutumière de la terre comme exemple de commun à faire revivre est intéressante, car elle renvoie à des expériences historiques concrètes. Ces expériences peuvent-elles reprendre corps aujourd'hui ? L'exemple du Mali où, comme dans les autres pays sahéliens, les conflits d'appropriation de ressources (terre, herbages, eau…) sont un déterminant majeur de la crise actuelle, est éclairant. Ceux-là

22 - Voir Frédéric Sandron, « Le *fihavanana* à Madagascar : lien social et économique des communautés rurales », *Revue Tiers Monde*, vol. 195, n° 3, 2008, p. 507-522.

23 - Voir Mireille Razafindrakoto, François Roubaud et Jean-Michel Wachsberger, *Violence et non-violence à Madagascar : réflexion sur les formes de régulation sociale*, document de travail, Paris, DIAL, 2017.

24 - Jean-Pierre Chauveau, « Participation paysanne et populisme bureaucratique », dans Jean-Pierre Jacob et Philippe Lavigne-Delville (sous la dir. de), *Les Associations paysannes en Afrique. Organisation et dynamiques*, Marseille/Paris/Genève, APAD/Karthala/IUED, 1994.

25 - Jean-Pierre Olivier de Sardan et Abdoua Elhadji Dagobi, « La gestion communautaire sert-elle l'intérêt public ? Le cas de l'hydraulique villageoise au Niger », *Politique africaine*, vol. 80, n° 4, 2000, p. 153-168.

mêmes qui placent des espoirs dans la redécouverte des communs dans ce pays, grâce notamment à une loi de 2017 consacrant un pluralisme juridique où les droits coutumiers se voient inventoriés et reconnus à côté des droits « modernes », s'interrogent sur la capacité du dispositif mis en place à éteindre les conflits[26]. La coexistence de régimes fonciers très divers (communs pastoraux au Nord, schémas coloniaux dans le delta du Niger, investissements capitalistiques au Sud, marchandisation spéculative du foncier autour de Bamako…) constitue une difficulté majeure. Surtout, s'écartant d'une vision naïve, les auteurs soulignent que la volonté des pouvoirs publics est une condition de la renaissance des communs. On s'autorisera à douter de cette volonté tant la classe politique malienne a fait preuve de sa disposition à tirer parti de toute possibilité d'enrichissement : la spéculation foncière en est une et la tendance à l'achat de terres en zone rurale par les urbains aisés est manifeste.

—

Après *« cinq siècles de déni symbolique, culturel et civilisationnel »* pointés par Felwine Sarr[27], le discours désignant l'Afrique comme terre de germination d'un monde meilleur satisfait l'orgueil blessé d'un continent longtemps assigné au rôle de mauvais élève de la téléologie occidentale du développement. Il réintroduit paradoxalement le continent dans cette téléologie en voulant la dénoncer. La remarque d'Eboussi Boulaga, selon laquelle la philosophie *« apparaît, en son statut, comme l'un des objets de la poursuite mimétique du mode d'existence des maîtres qui s'achève par l'occupation de leur place dans le système de positions dont la structure reste inchangée[28] »*, lui est largement transposable. Comme toutes les formes contemporaines de célébration de la communauté, il porte en lui l'élusion du politique, et comme tel ne trace guère le chemin de l'émancipation. Comme tout grand récit salvateur et unanime, il peut servir les dominants trop heureux de faire oublier aux dominés la misère et la violence du présent en faisant scintiller les lumières lointaines d'un avenir glorieux. Mais ce discours

26 - Voir Stéphanie Leyronas, Mathieu Boche et Émeline Baudet, « L'Afrique redécouvre les communs : une lecture des enjeux fonciers ruraux au Mali », dans Agence française de développement, *L'Économie africaine 2020*, Paris, La Découverte, 2020.
27 - Entretien croisé entre Felwine Sarr et Achille Mbembe, « L'avenir du monde se joue en Afrique », *Le Monde Afrique*, 21 octobre 2016.
28 - F. Eboussi Boulaga, *La Crise du Muntu*, *op. cit.*

s'adresse-t-il aux Africains ? On peut en douter, comme en doutèrent les penseurs qui critiquèrent le mouvement de la négritude. Il n'est pas neutre que ce discours soit porté par des intellectuels présents dans le champ médiatique et politique français, jusqu'à être sollicités pour réparer la relation franco-africaine[29]. S'il est bien reçu en France, ne boudons pas notre plaisir dans une époque de repli identitaire et de domination du tout-marchand. Au-delà du contenu même de ce discours, puissent nos gouvernants prendre la mesure de l'injonction qu'il charrie : « Vous êtes vieux et malades, occupez-vous de vos affaires déclinantes et laissez-nous rêver notre voie ! »

29 - Rappelons que Felwine Sarr est le coauteur d'un rapport sur la restitution du patrimoine africain et Achille Mbembe organisateur du dialogue de représentants de la société civile africaine avec Emmanuel Macron pour le tout récent sommet Afrique-France.

# L'esprit du communisme et son destin

*Jean-Loup Thébaud*

« La communauté est, en un sens, la résistance même : la résistance à l'immanence[1]. »

Un navire coule à pic. Sur ce qui reste visible de sa coque, on peut lire une inscription tracée à la peinture noire en caractères cyrilliques, sur un bandeau blanc courant depuis la proue : « Horizon ». Ce probable photomontage faisait la couverture de la première édition de *La Comparution* (1986)[2]. Mise en scène d'un désastre : ce sont les années de la chute du communisme « réel », c'est-à-dire prétendument « réalisé ». La décennie 1980, avant la chute du Mur, fut celle de la remise en perspective de cet « horizon » du marxisme et du communisme, déclaré indépassable par Jean-Paul Sartre[3]. Gdansk, la Charte 77 et la Kolyma suffisent à rappeler le moment initial qui déchaîna une crise allant jusqu'à priver le politique de son sol même.

1 - Jean-Luc Nancy, *La Communauté désœuvrée*, Paris, Christian Bourgois, coll. « Détroits », 1986, p. 146.
2 - J.-L. Nancy avec Jean-Christophe Bailly, *La Comparution (Politique à venir)*, Paris, Christian Bourgois, coll. « Détroits », 1991.
3 - Jean-Paul Sartre, *Questions de méthode* [1957], nouvelle édition revue et annotée par Arlette Elkaïm-Sartre, Paris, Gallimard, coll. « Tel », 1986.

## La demande de communauté

*« Le témoignage le plus important et le plus pénible du monde moderne, celui qui rassemble peut-être tous les autres témoignages que cette époque se trouve chargée d'assumer, en vertu d'on ne sait quel décret ou de quelle nécessité (car nous témoignons aussi de l'épuisement de la pensée de l'Histoire), est le témoignage de la dissolution, de la dislocation ou de la conflagration de la communauté*[4]. » De ce séisme Nancy prend acte, mais si ce constat est *« pénible »*, c'est qu'il n'est pas question pour lui de l'accueillir tout uniment comme une solution, mais bien au contraire d'y voir en creux la permanence d'un problème et la chance – ou le risque – d'une interrogation, peut-être même une demande. De fait, Nancy sera du petit nombre pour qui le bourbier de la Kolyma n'aura rien de lustral et pour qui la question du communisme restera ouverte et pressante. Car il n'oublie pas que le mot « communisme » emblématise le désir d'une communauté trouvée ou retrouvée, par-delà une mort qui, pour n'être plus que celle de l'individu, se dissout dans l'insignifiance. Si cette symbolique n'est plus d'usage, reste sa charge d'exigence, l'obligation d'y faire droit. On ne peut se satisfaire, en effet, de l'injonction libérale : « Circulez, il n'y a plus rien à voir. »

Attesterait, par exemple, de la force de cet enjeu, le dernier terme de la si vantée trinité républicaine : la fraternité. Elle y a certes été introduite plus tard que les deux premiers, mais le Saint-Esprit, présent dès le début, n'a été compris qu'à la Pentecôte. Nulle surprise, car c'est elle qui boucle le passage entre elles des figures. En prose simple et médiatique, cela se dit : « Il faut créer du lien. » Cette interpellation ne doit pas nous rendre aveugles à sa dérive, au destin qui menace toute communauté : le repliement identitaire et l'exclusion qu'il programme.

Reste en effet à interroger ce qu'il en est de cette demande de communauté et de ce que l'on pourrait nommer son « destin ». C'est là où le travail de Jean-Luc Nancy, par sa décision d'aller aux *choses mêmes*, sans complaisance pour le bavardage médiatique ni même pour le discours assuré de la philosophie politique, nous est d'un grand secours. Il désencombre et profile l'horizon. C'est au fond à une phénoménologie qu'il nous invite, si nous entendons ainsi un mouvement en arrière, une *Rückfrage* qui, en deçà des idéalités et des objectivations, dégage la *Lebenswelt*, le donné qui n'est pas donné mais qu'il faut conquérir en

4 - J.-L. Nancy, *La Communauté désœuvrée*, *op. cit.*, p. 11.

l'arrachant aux sédimentations de la culture. C'est la demande même de communauté qui réclame examen tant elle se présente prise dans des leurres. Le commun communément fait erreur sur lui-même et se trahit en se rendant captif de certains schèmes qui cachent ce qu'il a de réellement signifiant : *« Il y a une "socialité" originaire ou ontologique qui déborde largement dans son principe le seul motif d'un être-social de l'homme (le* zôon politikon *est second par rapport à cette communauté)*[5]*. »*

Quelle est la pierre d'achoppement du communisme ? Ce que Nancy appelle *« la nuit communielle »* et qui lui fait rejeter tout projet fusionnel – que le communisme a incarné exemplairement mais non exclusivement (fascisme), car c'est une tentation permanente, un *« maléfice de la vie à plusieurs »*. Cette approche le tient à l'écart de l'analyse « totalitariste » : *« Il serait peut-être mieux nommé "immanentisme", s'il ne faut pas en réserver la désignation à certains types de sociétés ou de régimes mais y voir, pour le coup, l'horizon général de notre temps qui encercle aussi bien les démocraties et leurs fragiles parapets juridiques. »* Même s'il recoupe ainsi certaines vues de Claude Lefort, pointer *« l'immanence »* lui permet de dire autre chose que le refus ou la dénégation de la division originaire.

## *L'expérience de la communauté*

C'est en effet à cette articulation que se situe le motif du « désœuvrement » : le communisme, comme tout immanentisme, constitue l'aliénation de la communauté parce qu'elle *« ne peut relever du domaine de l'œuvre »*. Ce motif, qui vient de Maurice Blanchot et a été forgé à d'autres fins, se révèle parfaitement topique : on fait l'expérience de la communauté ; on ne la produit pas. Ce que la notion d'œuvre désigne, c'est d'abord l'idée qu'il ne faut pas penser la communauté comme le résultat d'un projet de maîtrise, mais aussi que cette visée de maîtrise se double d'une visée d'accomplissement, d'achèvement de soi, qui ne peut se soustraire à une économie sacrificielle, qu'elle soit celle de Hegel ou de Bataille – à supposer qu'elles se distinguent –, eût-elle même été inavouable. Le motif esthétique ainsi exposé, le thème du façonnement qui pouvait venir de Heidegger et qu'il

5 - ***Ibid.***, p. 71.

partageait avec Philippe Lacoue-Labarthe[6], ne sera certes plus mobilisé par Nancy ultérieurement. Mais s'il s'en déprend, c'est qu'il engage une rupture bien plus radicale : celle vis-à-vis de la communauté elle-même.

S'il est nécessaire de « phénoménologiser », il faut alors le faire radicalement, revenir au tuf de l'expérience et se défaire de tout ce qui l'offusque. Le communisme, comme en court le péril la fraternité, offusque la communauté. Mais, au fond, c'est parce que la communauté elle-même trouble une expérience originaire. Il convient de saluer le courage et l'importance de ce mouvement incarné par Nancy, résultat d'une longue confrontation avec Bataille. C'est lui qui s'est avancé le plus loin dans la réflexion sur les apories de la communauté révélées par le triomphe des fascismes et du communisme : *« Ni œuvre à produire, ni communion perdue, mais l'espace même, et l'espacement de l'expérience du dehors, du hors-de-soi*[7]*. »*

**C'est lui, Nancy, qui s'est avancé le plus loin dans la réflexion sur les apories de la communauté révélées par le triomphe des fascismes et du communisme.**

Au demeurant, il faut aller au-delà de Bataille ou le rendre fidèle à lui-même en le libérant de la tutelle et de l'ombre de Hegel qui empêchent la sortie d'une économie sacrificielle et du motif de l'inavouable (secret ou ineffable). Nancy lui empruntera un temps le terme de *« communication »*, selon le régime violent imprimé par Bataille au sens commun du mot : avec lui, le terme s'enlève sur la brèche, la blessure, la contagion, l'hétérogène. Il a pour visée de désigner justement cette entame permanente des êtres : *« Il n'existe nulle part d'"êtres isolés" qui ne communiquent pas, ni de "communication" indépendante des points d'isolement. Que l'on prenne soin d'écarter deux concepts mal faits, résidus de croyances puériles, à ce prix le problème le plus mal noué sera tranché*[8]*. »* Pour Nancy, il est clair que Bataille échoue à se défaire de Hegel.

C'est la raison pour laquelle il superposera, ou substituera, à ce vocabulaire insuffisamment fidèle à l'expérience, d'autres termes tels que *« partage »* ou *« comparution »* : *« La communication consiste dans ce partage et cette com-parution de la finitude*[9]*. »* Cette finitude à comprendre comme le hors-

6 - Philippe Lacoue-Labarthe, *La Fiction du politique. Heidegger, l'art et la politique*, Paris, Christian Bourgois, coll. « Détroits », 1987.

7 - J.-L. Nancy, *La Communauté désœuvrée*, *op. cit.*, p. 50.

8 - Georges Bataille, *Œuvres complètes*, t. VII, Paris, Gallimard, 1977, p. 553, cité dans J.-L. Nancy, *La Communauté désœuvrée*, *op. cit.*, p. 51.

9 - J.-L. Nancy, *La Communauté désœuvrée*, *op. cit.*, p. 72.

de-soi et l'extase de l'être singulier, mais la provenance schellingienne ou heideggérienne (la finitude de la *Jemeinigkeit*) ne doit pas nous égarer. Il faut plutôt y voir une radicalisation soustraite à tout projet d'authenticité : *« Il faudrait pour désigner cette phénoménalité spécifique et sans doute plus originaire que toute autre phénoménalité (car il se pourrait que le monde paraisse à la communauté, non à l'individu) pouvoir dire que la finitude* com-paraît *et ne peut que* com-paraître. *»* Nous sommes dans les parages du renversement quasi « feuerbachien » qu'aussi bien Hannah Arendt et Jan Patočka ont imposé à une phénoménalité heideggérienne qu'on pourrait dire « restreinte », en l'ouvrant à la publicité et à la pluralité : *« On essaierait d'entendre sous le terme de com-parution à la fois que l'être fini se présente toujours ensemble, donc à plusieurs, que la finitude se présente toujours dans l'être-en-commun et comme cet être lui-même*[10]. *»*

## *L'énigme politique du commun*

La première édition de *La Comparution* portait en sous-titre et entre parenthèses : *Politique à venir*. Les dernières pages de l'article de 1983 – repris comme titre et ouverture du livre – y étaient de fait consacrées : *« "Politique" voudrait dire une communauté s'ordonnant au désœuvrement de sa communication ou destinée à ce désœuvrement : une communauté faisant consciemment l'expérience de son partage*[11]. *»* La réédition en poche fait disparaître ce sous-titre et les déclarations ultérieures de Nancy sont nombreuses à refuser que cette comparution dût se présenter comme politique – du reste, les guillemets et les conditionnels (que la seule syntaxe ne gouverne pas) devaient alerter. Il ira jusqu'à déclarer de manière nette et tranchante : *« Je dois passer à l'autocritique : en écrivant sur la "communauté", sur la "comparution" puis sur l'"être avec", je pense, certes, avoir eu raison de discerner l'importance du motif du "commun" et la nécessité de le remettre en chantier à nouveaux frais – mais j'ai eu tort lorsque je l'ai pensé à l'enseigne du "politique" »* – pour conclure : *« l'ontologie du commun n'est pas immédiatement politique*[12] *»*.

**10 - *Ibid.***
**11 - *Ibid.*, p. 100.**
**12 - Stany Grelet et Mathieu Potte-Bonneville, « Rien que le monde. Entretien avec Jean-Luc Nancy », *Vacarme*, n° 11, printemps 2000.**

Gardons-nous toutefois d'aller trop vite et d'y lire banalement l'aveu ou la confession d'un terrain à la fin déserté, que ce constat soit endeuillé ou jubilatoire. Husserl, dans la *Krisis*, commence par prendre acte d'une sclérose nihiliste des savoirs, pour s'engager en direction de l'expérience originaire, de ce monde de la vie qui doit être reconquis sur les sédimentations qui l'occultent. Mais il n'a jamais songé à se débarrasser de Galilée. Ce qui fait la force de Jean-Luc Nancy, c'est de mettre en question les assurances de la philosophie politique qui font barrage au dégagement du noyau dur : l'*entre* du commun. À cette énigme, il est nécessaire de revenir constamment et de se défier des diverses réponses qui lui sont apportées et par là-même l'effacent ou la recouvrent. Hannah Arendt ou Jan Patočka ont témoigné d'une visée de ce genre, engageant à chaque fois un opérateur qui ouvre le champ d'une phénoménalité radicale, non contaminée par une élaboration secondaire, que ce soit la natalité ou le front[13]. Chez Jean-Luc Nancy, ce qui fait réduction à la fois se laisse plus malaisément situer et se dirige vers une archi-*archè*, comme si, à chaque fois, il fallait se débarrasser de l'habituel ou du reconnu : probablement la bouche, la touche et la struction jouent-elles ce rôle. Cela ne fait pas une politique : conçoit-on une politique sans œuvre, sans schème, sans médiations ? Certes, mais c'est un rappel de l'incessante résistance qu'il faut opposer à ce que la politique ne cesse d'alléguer comme son naturel : *« Cela dessine d'un trait qui n'appuie pas, qui ne graisse pas la feuille, le contour de ce que nous ne pourrons plus nommer "cité" sans en avoir remis en jeu jusqu'à la nature ou à l'idée même*[14]*. »*

13 - Hannah Arendt, *Condition de l'homme moderne* [1958], trad. par Georges Fradier, préface de Paul Ricœur, Paris, Pocket, 2002 et Jan Patočka, *Essais hérétiques. Sur la philosophie de l'histoire* [1975], trad. par Erika Abrams, préface de Paul Ricœur, postface de Roman Jakobson, Lagrasse, Verdier, 2007.
14 - J.-L. Nancy, *La Comparution*, *op. cit.*, p. 9.

# Cultures

## *Chroniques*



## *Recensions*

## *En écho*

## Chroniques

### Histoire

# Le legs soviétique

**Hamit Bozarslan**

Écrit par quatre spécialistes renommés, *L'Âge soviétique*, qui s'adresse à un lectorat varié, des universitaires ou des chercheurs en formation aux membres des sociétés savantes, n'a pas pour ambition de présenter une nouvelle histoire de l'URSS, mais de saisir sur le vif la société soviétique dans ses rigidités autant que dans ses complexités et ses mutations. Prenant en compte à la fois les dynamiques lourdes inscrites dans la durée et les reconfigurations souvent radicales qui marquèrent le XXe siècle soviétique – la double révolution de 1917, la guerre civile et la Nouvelle politique économique (1921), l'ascension de Staline (1924-1929) et sa disparition après des années de terreur et de guerre (1953), la « stagnation » brejnévienne (1964-1982) et le « moment Gorbatchev » (1985-1991), il s'intéresse particulièrement à ce que *« l'âge soviétique »* doit à la première révolution russe de 1905 et ce qu'il laisse en héritage à la Russie et aux quatorze autres « Républiques socialistes soviétiques » qui composaient le défunt Empire.

Fidèle à l'esprit de la maison d'édition qui le publie, l'ouvrage présente avant tout une synthèse mais, attentif aux acquis de la recherche menée depuis plus d'un siècle, il propose aussi de nouvelles grilles de lecture et reproblématise les enjeux d'une grande complexité pour saisir l'évolution d'une société qui, en quelques décennies seulement, traverse l'épreuve de la Grande Guerre, de la guerre civile, de la Grande Terreur stalinienne et de la Seconde Guerre mondiale. Comprendre la mue de ce pays économiquement arriéré en une puissance hégémonique mondiale, dans des conditions qui lui étaient *a priori* très défavorables, nécessite en effet de prendre en considération une échelle temporelle qui dépasse son existence, un espace qu'il structure sans en être le seul acteur, une pluralité de dynamiques de classes, de générations, de genres et d'appartenances géographiques, et enfin des attentes et des expériences contradictoires d'un monde impérial, que la terreur stalinienne n'a pu uniformiser ni domestiquer. De même, si dans la Russie actuelle une certaine *« mémocratie*[1] *»* se charge d'offrir une lecture parfaitement lisse du passé russo-soviétique qui atteindrait sa finalité avec l'avènement de Vladimir Poutine en 2000, l'histoire russo-soviétique reste une *« histoire contestée »*, ouverte aux interprétations des acteurs habités par des mémoires fragmentées et conflictuelles, mais aussi à celles des historiens, simultanément et constamment désenchantés et réenchantés par la démesure même de leur objet d'étude.

Chacun des neuf chapitres de l'ouvrage se présente par conséquent comme un chantier ouvert dans un temps historique désormais révolu, mais toujours susceptible de témoigner de la réactivation des matrices, des imaginaires et des filiations anciens et de provoquer des répliques d'une ampleur imprédictible sur des terres profondément transformées par les secousses passées. Ainsi, le premier relève l'importance de l'héritage de 1905, *« une répétition générale »* selon les termes de Lénine, dans l'accélération de la chronologie révolutionnaire entre février et octobre 1917. Il permet également de saisir le passage d'une révolution plurielle, dans laquelle nombre d'anarchistes voient la promesse d'une société sans État et nombre de socialistes non bolcheviques celle d'une démocratie radicale, à la dictature stalinienne. Allant au-delà de la famine de 1933 (notamment, mais pas uniquement en Ukraine et au Kazakhstan) et la Grande Terreur de la fin de cette décennie, les auteurs soulignent également que le stalinisme est, entre autres traits qui le définissent, une *« révolution conservatrice »*, partageant sans doute de nombreux points communs avec d'autres révolutions conservatrices de la fin du XIX^e^ et du début du XX^e^ siècle.

Le deuxième chapitre montre à quel point, dans le domaine de la gestion des nationalités, le régime soviétique s'inscrit dans la continuité de l'héritage tsariste, qu'il transforme cependant aussi radicalement. La nouvelle *« prison des peuples »* se construit en effet sur un équilibre incertain entre la répression (parfois extrême, comme la déportation de populations entières) et la « promotion » formaliste des « nations indigènes », pensée dans ses moindres détails. Très novateur, le troisième chapitre montre

**1 - Pour ce terme utilisé par Valeri Zorkine, le président du Conseil constitutionnel russe, voir Andreï Kozovoï, *Russie, réformes et dictatures (1953-2016)*, Paris, Perrin, 2017, p. 15 et 20.**

que l'URSS fut, surtout sous Staline, effectivement une *« forteresse »*, plus repliée sur elle-même qu'assiégée de l'extérieur, mais qu'elle avait aussi de nombreuses brèches, lui interdisant de se penser comme un *« monde clos »*. Le quatrième chapitre explore, quant à lui, les données sérielles désormais fiables pour faire le bilan, notamment, de la répression des années staliniennes : plusieurs millions de victimes de la famine, au moins un million d'exécutions, quelque vingt-cinq millions de condamnations aux travaux forcés dans les camps ou à l'exil. L'excellente description de l'appareil coercitif stalinien et poststalinien, qui est tout à la fois policier, carcéral *et* économique, ouvre de multiples pistes de recherche comparatives, y compris avec la Chine de Xi Jinping.

Le chapitre 5, qui porte sur la démographie, donne à voir avant tout l'ampleur de la saignée qu'a subie la population ex-soviétique au XXe siècle avec les guerres mondiales, la guerre civile et la terreur d'État, sans empêcher cependant une « révolution démographique ». Il montre également que, devenue une science, la démographie n'offre pas uniquement une arme de guerre civile permanente, mais devient aussi révélatrice du pouvoir régalien qui la domine : ainsi Staline annule-t-il le recensement de la population de 1937, qui met à l'évidence les conséquences catastrophiques de la famine ukrainienne, pour en ordonner un nouveau en 1939, dont les résultats satisferont ses attentes. La démographie, soulignent les auteurs en analysant notamment la question de l'avortement, est également le domaine où excelle la *« révolution conservatrice »* de Staline.

Le chapitre 6 suit l'évolution de l'URSS, de la révolution de 1917 aux réformes des années 1980. La bureaucratisation de la révolution qu'on observe dès 1917, puis qui s'impose comme le pendant de la Terreur sous Staline pour lui survivre, est un phénomène qui avait grandement intéressé, pour ne pas dire hanté, la pensée politique du XXe siècle[2]. Mais, au-delà de l'étude de la fameuse *nomenklatura* soviétique, les auteurs consacrent de nombreuses pages érudites aux heurs et aux malheurs d'un appareil partisan-étatique aux pouvoirs certes illimités, mais souvent fragmenté et paralysé, et rarement capable de mettre en exécution ses volontés et ses décisions. Comme le montrent les réformes de Nikita Khrouchtchev (1953-1964), qui visent à décentraliser les processus de prise de décision dans le domaine économique et à rompre avec la rigidité des appareils, puis celles de l'ère de Gorbatchev qui précèdent l'effondrement final, les autorités, à

**2 - Voir notamment Claude Lefort, *Éléments d'une critique de la bureaucratie* [1971], Paris, Gallimard, 1979.**

savoir le Parti, l'État, la bureaucratie et la technocratie, qui commence à s'en détacher nettement, connaissent, voire reconnaissent la faillite du système, sans parvenir cependant à y remédier. Malgré des améliorations indéniables qu'on observe dans les domaines de la production industrielle et de la construction de logements durant les années 1960 et 1970, les citoyens soviétiques ne goûteront jamais à la *« vie meilleure et plus gaie »* que Staline disait déjà advenue en 1934.

Le fascinant chapitre 7 porte sur le monde des arts et de la création intellectuelle au sens large du terme. Il montre combien la culture, domaine par excellence où le socialisme devait l'emporter sur le capitalisme et la révolution bolchevique sur l'ancien régime tsariste constituait un champ où le pouvoir exerçait un contrôle efficace, mais où fleurissaient surtout mille et une expressions de dissidence. Nul doute que le Parti-État a su gérer ce domaine en lui imposant ses lignes rouges, en enjoignant à l'*homo sovieticus* d'adhérer à ses symboles et attentes et en promouvant des arts officiels à sa gloire. Mais la société soviétique a puisé son dynamisme culturel surtout dans ses marges, où elle pouvait décrire ses déchirures, ses doutes, *« ses blessures se faisant lumière*[3] *»*, où elle pouvait développer de nouveaux styles, que le Kremlin ne comprenait pas toujours, pour charger le vécu individuel et collectif de sens. Dans la continuité, le chapitre 8, consacré au microcosme scientifique soviétique (inévitablement intégré à son complexe militaro-industriel), montre que si les scientifiques ont eu leur Trofim Lyssenko (1898-1976), l'infâme maître des sciences agrobiologiques de Staline, qui n'hésitait pas envoyer ses rivaux au Goulag, ils ont aussi eu leur Andreï Sakharov (1921-1989), père de la bombe H soviétique passé à la dissidence.

Consacré aux résistances et dissidences, le dernier chapitre de l'ouvrage dresse un portrait de famille sur sept décennies des oppositions, armées ou pacifiques, ouvertes ou souterraines, et montre, à titre d'exemple, combien les marins de Kronstadt décimés sur l'ordre de Trotski (1921) se présentaient en réalité comme les authentiques défenseurs de la révolution de 1917 ou que la paysannerie, criminalisée par l'usage même du terme *koulak* (« riche des campagnes ») et vouée à être exterminée en tant que classe, voyait dans la collectivisation stalinienne un *« deuxième servage »*, bien plus brutal que celui officiellement aboli en 1861.

Pour conclure, on doit saluer l'abondance de cartes, de graphiques, de tableaux et d'illustrations qui

**3 - Georges Braque, cité par André Verdet, *Entretiens, notes et écrits sur la peinture. Braque, Léger, Matisse, Picasso*, Paris, Galilée, 1978, p. 47.**

complètent remarquablement la prose. On peut cependant regretter l'absence d'une chronologie raisonnée ainsi que d'un chapitre conclusif, non pas pour trancher les enjeux présentés tout au long de l'ouvrage, mais pour permettre aux lecteurs de penser ce que la Russie/URSS du XX^e^ siècle a laissé en legs à la Russie du XXI^e^ siècle : un règne des oligarques, un cartel militaro-industriel à la fois modernisé et profondément archaïque, un Poutine qui appréhende la politique, intérieure comme extérieure, comme une guerre de civilisations, et sa cour composée d'intellectuels-guerriers frustres, d'édiles et de fonctionnaires opportunistes et de popes revanchards, qui saluent en lui un bâtisseur d'empire digne de Vladimir le Grand (980-1015), d'Ivan le Terrible (1530-1584) et de Catherine la Grande (Catherine II, 1719-1796).

---

***L'âge soviétique. Une traversée de l'Empire russe au monde postsoviétique***
**Alain Blum, Françoise Daucé, Marc Elie et Isabelle Ohayon**
Armand Colin, 2021, 432 p., 26,50 €

## Exposition

# La condition d'esclave

**Hélène Mugnier**

L'histoire vraie de Pauline contient tous les ingrédients du conte : une héroïne, un défi impossible, des embûches, une fin heureuse. En 1716, cette domestique rebelle obtient gain de cause à l'issue d'un procès contre sa propriétaire. Sa condition d'esclave et sa peau métisse la promettaient à un tout autre destin. Soutenue par une mère religieuse, un abbé et même un armateur, la voilà libre d'entrer au convent. Avec ce récit, Krystel Gualdé, directrice scientifique du Musée d'histoire de Nantes, donne le ton de l'exposition dont elle est la commissaire : *L'Abîme. Nantes dans la traite atlantique et l'esclavage colonial (1707-1830).*

L'exposition déplie une réalité historique, encore méconnue et reconstituée (en partie) par des recherches récentes. Rien qu'au XVIIIe siècle, près de la moitié des expéditions françaises impliquées dans la traite d'esclaves ont fait escale dans le port de Nantes. Cartels, panneaux pédagogiques et dispositifs multimédias animent le propos de manière critique. *« Le musée pose des questions, il n'y répond pas, je cherche à transformer le visiteur »*, explique Krystel Gualdé.

Le visiteur commence par suivre le regard des explorateurs des grandes découvertes sur leurs cartes. De l'Afrique à l'Amérique du Sud, les frontières de nouveaux mondes se dessinent, s'étendent, se transforment. Les escales des Antilles et de Haïti (anciennement Saint-Domingue) remémorent en particulier la place pivot de ces colonies françaises dans le commerce triangulaire. On découvre les marges illustrées de scènes et les titres. Le vocabulaire employé traduit ce qu'un planisphère véhicule de préjugés : « Partie de l'Afrique où se trouve la Barbarie divisée en royaumes », par exemple. Attention, un document peut en cacher un autre – avertissement qui pourrait être un autre fil rouge du parcours. La pratique de l'esclavage, expérimentée par les Portugais dès 1444, s'est dotée d'un cadre légal dont on découvre quelques jalons dans l'exposition. Le Code noir en particulier, élaboré par Colbert et promulgué en 1685, définit sur une même page la condition d'esclave comme *« bien meuble »* ayant droit au baptême chrétien. Le paradoxe est patent entre esclave-objet et sujet.

Changement d'échelle spatiale et d'atmosphère, on pénètre ensuite dans les salons des élites des XVIIe et XVIIIe siècles. Un parfum de volupté émane des peintures, faïences, orfèvrerie et tissus réunis. Le visiteur ne sait que choisir : sucrer son assiette, déguster une tasse de chocolat, allumer une pipe de tabac ou s'habiller d'indiennes de coton imprimé. Les portraits de quelques négociants nantais mettent en scène ces nouveaux luxes issus des colonies, l'engouement et les mœurs qu'ils suscitent. Ce gentilhomme nantais jouit de sa réussite jusqu'à tendre, comme accessoirement, un sucre à son chien. Dans cet autre portrait, une femme perce l'oreille d'un jeune Noir, qu'on identifie immédiatement comme son esclave : marquage et collier de fer le désignent en effet comme tel. Mais le cartel réveille la mémoire d'un double cliché derrière les tableaux, si intériorisé qu'on n'a pas même eu le temps de les percevoir. Le jeune Noir est devenu un accessoire de richesse, distinctif d'un statut social. Les représentations artistiques ont largement contribué à fonder le stigmate racial sous-jacent, objet de la récente exposition *Le Modèle noir, de Géricault à Matisse* (2019, Musée d'Orsay) et des travaux d'Anne Lafont[1].

Le visiteur transite vers une série de portraits plus modestes. Le dispositif visuel projette au sol et sur les murs des prénoms. Les recherches effectuées pour l'exposition ont établi la biographie de quelques esclaves ayant vécu à Nantes au XVIIIe siècle : employés, tonneliers, perruquiers, tisserands. Autant de parcours de vie que l'on rencontre et de visages qui nous regardent. Ils ont été mis en apprentissage par leurs propriétaires nantais dans tous les métiers artisanaux associés au négoce d'import-export. Voilà des hommes et des femmes, insérés et évoluant dans la société grâce à leurs compétences. La vie en esclavage, qu'on tenait comme lointaine et d'un temps révolu, se révèle beaucoup plus hétérogène. Travail forcé et docilité domestique n'en ont pas été les formes dominantes. Les archives manquantes sur tant d'autres individus, à jamais rendus invisibles,

1 - Voir notamment Anne Lafont, *L'Art et la race. L'Africain (tout) contre l'œil des Lumières*, Dijon, Les Presses du réel, 2019, et « L'école au musée, *Le Modèle noir* pour exemple », *Esprit*, septembre 2019.

disent aussi la violence de leur arrachement à l'humanité.

L'immersion continue à l'intérieur des grands bateaux de commerce. Un enregistrement sonore fait crisser le vaisseau en mer. Le plan détaillé et en couleurs de *La Marie-Séraphique*, composé en vue aérienne, figure l'optimisation effrayante du chargement : corps couchés, alignés en rangs serrés à l'instar des caisses, sacs et fûts, entassés à l'étage du dessous ou du dessus. Sous forme de tableaux comptables, des inventaires de cargaison, des budgets d'expéditions, des listes d'esclaves embarqués ou encore leur coût d'achat (par catégorie) défilent sous nos yeux. Ces chiffres, marchandises et humains, mis sur le même plan, se présentent aussi dans des mises en page analogues, presque répétitives. Il faut les lire pour lever l'ambiguïté de cette ressemblance visuelle.

Le visiteur s'identifie tour à tour au négociant, au commanditaire, à l'investisseur financier, à l'assureur, à l'armateur de l'expédition avant d'endosser la condition d'esclave pendant les longs mois de transport. Le procédé de l'exposition, par études de cas particuliers, fait entrer au cœur d'un écosystème sans en faire généralité, et au plus près de ses acteurs, en s'abstenant d'en faire des porte-parole représentatifs. La construction et la scénographie de l'exposition tiennent néanmoins l'équilibre entre l'émotion et la réflexion. Le parti pris suggestif, pensé pour éviter le pathos ou le ton du donneur de leçon, permet de garder une juste distance d'empathie.

Arrivées à destination, les plantations organisent la vie des colonies. Les gravures apparaissent ici comme de terribles illustrations. Les scènes de torture contrastent avec celles du travail discipliné, efficace, productif. Elles ont un air de déjà-vu, celui de preuves dénonciatrices qui ont contribué à l'abolition progressive de l'esclavage. Mais l'exposition rappelle que ce n'est qu'*a posteriori* qu'elles ont été interprétées comme telles. À y regarder de plus près, elles sont trop travaillées pour être fidèles à la réalité. Les premières ont d'abord été dissuasives à l'égard des récidivistes, les autres des gages de la bonne tenue des plantations. Les archives, souligne Krystel Gualdé, *« mentent souvent »*.

L'exposition nous fait encore découvrir et mesurer les ambiguïtés oubliées ou occultées de l'histoire de la traite négrière. Les rois africains et chefs locaux ont négocié des arrangements très intéressés avec les armateurs et les négociants installés sur leurs terres. Du côté des esclaves, la santé était sous haute surveillance, en dépit des sévices infligés. Les entraves métalliques et la malle de chirurgien exposées manifestent le dosage savamment calculé pour les maintenir en capacité de travail. Car le taux de mortalité (30 à 60 % pendant la première année) pesait lourd sur le rendement des affaires. Les esclaves inquiétaient encore par leur force de résistance et de rébellion. Ils n'ont cessé de se révolter, tenter de fuir, piller les marchandises et même en faire trafic.

En montrant combien l'histoire se vit d'abord comme une mémoire, avec ses préférences sélectives, ses dénis, ses oublis aussi, ce sont ses propres idées reçues que chacun peut remettre ici en question. Krystel Gualdé et Bertrand Guillet, directeur du Musée d'histoire de Nantes, défendent ardemment la signature de ce dernier depuis sa création en 2007 : « Décoloniser les esprits ». Parce que le contexte a évolué depuis le début de l'aventure, ils préparent le réaménagement des collections permanentes. *L'Abîme* en est une préfiguration.

C'est pourquoi une salle d'ouverture au rez-de-chaussée pose quelques questions brûlantes d'actualité : l'esclavage existe-t-il encore ? Qui concerne-t-il ? Sur les cimaises en arcs de cercle, chiffres, grandes figures de résistance et photographies nous renvoient le visage de l'esclavage aujourd'hui, des pays les plus pauvres jusqu'au cœur de l'Europe. *« Le terrifiant* [...] *est celui de l'abîme. »* Dans le titre de l'exposition, emprunté à Aimé Césaire, l'abîme méditerranéen d'aujourd'hui ne peut que rappeler l'abîme atlantique d'hier. Mais, clairement circonscrite dans le temps, l'exposition retient le visiteur au seuil des années 1830. Chacun s'y est doté de nouvelles clés de compréhension sur ce que les pratiques esclavagistes, avec leur complexité, ont déterminé au XIX$^{e}$ siècle : abolition de l'esclavage, colonisation, hiérarchisation des races.

La plus belle réussite de l'exposition est peut-être encore de refonder et de ressourcer nos aspirations humanistes. Elle met à l'épreuve des préjugés que nous ignorions encore et réveille cette envie puissante : nous observer dans notre manière de regarder les autres, de mieux les comprendre, sans les juger, depuis les travers de la mémoire. Le musée est en ce sens *« un fabuleux terrain de relations »*, selon les mots de Krystel Gualdé.

---

***L'abîme. Nantes dans la traite atlantique et l'esclavage colonial (1707-1830)***
**Du 16 octobre 2021 au 19 juin 2022. Au château des ducs de Bretagne-Musée d'histoire de Nantes**

## Musicologie

# Grand-messes musicales

Carole Desbarats

Constater le déclin de l'écoute, voire de la pratique de la musique classique dans l'Occident d'aujourd'hui n'a rien d'original. En revanche, s'attacher, comme le fait Lionel Esparza, à comprendre les causes de ce dépérissement, les inscrire dans une vision historique et dans une perspective aussi bien spirituelle que sociologique, est utile. *Le Génie des Modernes* propose ainsi des prolégomènes à une action qui reste à définir.

Pour cela, Lionel Esparza choisit un point de départ qu'il qualifie de *« signal alarmant »* : le 23 mai 2013, le ministre de la Culture n'assistait pas aux obsèques du compositeur Henri Dutilleux. Il est un fait que la musique dite classique, cet art accusé d'élitisme[1], à l'enseignement senti comme raide, subit aujourd'hui des coupes budgétaires marquées, un amenuisement des espaces dédiés dans la presse généralisée, sans compter que la disparition progressive des *baby boomers* risque d'entraîner celle des arts qu'ils ont portés et ce, malgré de nouveaux équipements comme la Philarmonie de Paris. Pourquoi ?

Esparza avance que l'époque où l'on apprenait la vie à l'opéra n'est plus. Au XX<sup>e</sup> siècle, c'est le cinéma qui prend en charge l'identification individuelle et le divertissement collectif. L'auteur se livre à un historique savant et informé de l'évolution du statut du musicien, qui le mène des salons du XVI<sup>e</sup> siècle à ceux de la Rue de Valois au fur et à mesure que le mécénat de l'Église catholique a manqué, puis que le *« culturel »* s'est substitué à la culture et que la musique est devenue un art institutionnalisé. En témoigne la deuxième plus importante subvention du ministère (93,5 millions d'euros)

**1 - Dans ce livre, l'auteur ne se contente pas de cette « culture de niche » qu'est la musique classique. Il peut y parler de musiques populaires, celle de Lady Gaga par exemple, sans condescendance.**

récemment accordée à l'Opéra de Paris, juste derrière le musée du Louvre. Et Esparza, fin connaisseur de l'art lyrique, de chercher à comprendre ce que peut *« bien trouver l'État à porter à bout de bras cet art somptuaire ainsi qu'un grand bourgeois à l'ancienne entretenant sa cocotte*[2] *»*.

Pour mesurer la gravité de ce délitement, l'auteur se livre à une brève histoire du sacré dans l'art. Si ses considérations générales sur le sujet sont plutôt connues, il n'en va pas de même de son analyse précise du caractère sacré de la musique : il insiste sur *« l'écoute dédiée, silencieuse, intériorisée, cultivée et révérencieuse »* de la musique classique, soit l'équivalent sur le terrain de l'esthétique de la prière ou de la méditation religieuse. L'auteur met en rapport cette spiritualisation laïque avec l'effacement du sacré dans la société occidentale à compter du XVIIIe siècle : soutenu par une dépense excessive et improductive, le concert donne à voir le sacré dans une hiérophanie, telle que la définissait Mircea Eliade. Pour cela, Esparza met en avant quelques moments clés : *Le Messie* (1741) de Haendel *« délocalise »* le religieux, en proposant ce qui devient un spectacle non plus dans un espace cultuel mais dans une salle de musique, devant des auditeurs qui ne sont plus interpellés comme des fidèles.

L'auteur va jusqu'à présenter la musique comme un *« des principaux moyens de la sécularisation »*. Il s'attarde sur le rôle essentiel de Beethoven et de la cristallisation autour de la *Neuvième Symphonie* comme *« exaltante transcendance de substitution »* vers 1824. Il note aussi que Liszt, en plaçant le piano à angle droit par rapport à l'estrade pour être vu de profil, met, le 9 juin 1840, l'interprète au centre du concert, ouvrant ainsi la voie à une conception plus tardive du musicien comme chamane, celle qui s'exprime aujourd'hui dans les grand-messes ritualisées de Beyoncé ou de Rihanna, *« où les codes ne sont en somme pas moins nombreux et les comportements plus ritualisés qu'au Théâtre des Champs-Élysées »*.

À son tour, au siècle dernier, la musique subit une progressive désacralisation que l'auteur associe à quatre phénomènes : l'industrialisation, le pédagogisme, la banalisation et une démythification du rôle du musicien à qui l'on demande de se rendre utile, par exemple en enseignant. Ce dont nous prenons congé depuis quelques décennies, écrit-il, ce n'est pas de la totalité de la musique « classique », *« mais seulement d'un de ses épisodes* [...] *qui correspond à la domination symbolique d'une tendance spéculative et spiritualiste.*

**2 - Il ne s'agit pas là d'une critique poujadiste, mais de l'expression d'une véritable inquiétude. Lionel Esparza est producteur de l'émission quotidienne *Relax* sur France Musique et il écrit une chronique mensuelle pour *Opéra Magazine*, « En lisant, en écoutant ».**

*L'effacement de la figure divine n'est manifestement plus un facteur de stress suffisant pour que les collectifs aient besoin d'une expression artistique capable d'en entretenir le subliminal souvenir »*.

La musique dite classique est-elle donc vouée à la disparition ? Certes, l'auteur s'en inquiète, d'autant plus qu'il fait sa part aux dégâts – aussi bien qu'aux initiatives – liés à la pandémie de la Covid. Mais mettre en lumière les causes d'un tel dépérissement ne l'empêche pas de constater la créativité des musiciens d'aujourd'hui et une certaine demande du public[3]. En ouvrant le champ des hypothèses, Lionel Esparza conseille d'éviter deux écueils : *« la répétition mécanique de traditions exsangues et la soumission aux lois de l'impérial présent »*. Le diagnostic est posé. Qui s'en emparera ?

---

***Le génie des Modernes. La musique au défi du XXI^e^ siècle***
**Lionel Esparza**
Premières Loges, 2021, 312 p., 21 €

**3 - Nous avions parlé, dans « La banlieue comme décor. De *La Haine* aux *Misérables* » (*Esprit*, novembre 2020), du très grand succès des *Indes galantes* de Rameau, chorégraphié par Bintou Dembélé et mis en scène par Clément Cogitore à l'Opéra Bastille en 2019.**

# *Recensions*

## C'est la guerre

### Petits sujets sur la violence du fait guerrier (XIX$^{e}$-XXI$^{e}$ siècle)

***Stéphane Audoin-Rouzeau***
Le Félin, 2020, 270 p., 22 €

Stéphane Audoin-Rouzeau est l'auteur d'ouvrages essentiels sur la Grande Guerre, qu'il a scrutée avec dévouement. Ses articles demeuraient plus confidentiels, confinés à des revues spécialisées et savantes. Voilà qui n'est plus avec cette nouvelle publication de vingt-deux textes courts. Ouvrage salutaire, il restitue le mouvement d'une existence vouée à la recherche et courant sur quatre décennies, où le scientifique se montre homme. Le recueil établit le répertoire d'une œuvre profondément personnelle par son unité et sa cohérence, attachée à rendre la réalité des hommes, de leur voix et de leur temps, à signifier cette modernité de la guerre vue et dite par ses témoins, depuis l'intérieur des corps et des âmes entraînés dans la tourmente. C'est une invitation à comprendre des faits qui ont accompagné de façon naturelle le développement de nos sociétés, cette idée chère à Audoin-Rouzeau et qu'il appelle *« l'évidence de la guerre »*, fait alors constitutif de toute trajectoire sociale.

Le recueil s'ouvre avec la guerre de 1870 et la bataille de Saint-Quentin. Il s'agit de montrer l'effet de la terreur sur le vivant, à travers les écrits de témoins directs qui transmettent depuis le champ de bataille ce qu'aucun livre d'histoire ne peut faire sentir : la présence. Justement, c'est ce qui interpelle Audoin-Rouzeau, cette vie minuscule, insignifiante, posée au ras du sol boueux et ensanglanté, à qui l'acteur du drame donne vie et matière. C'est le présent vital – *j'écris donc je survis* –, c'est le moi infime et meurtri qui nourrit le récit authentique des faits.

Il y a de l'éclectisme dans le choix des sujets sélectionnés et parfois même un peu de légèreté, comme le traitement des émeutes de Mai 68 : page nationale récente et calquée sur les souvenirs traumatiques du passé, elle fonctionne comme une illustration d'un mimétisme belliqueux où les acteurs des manifestations, jouant dans chaque camp sur une dramatisation symbolique du discours et des comportements, parviennent finalement à une simulation du ressort guerrier traditionnel. Pour réussir à situer son anthropologie du phénomène guerrier, l'historien n'hésite pas non plus à questionner les objets et toutes autres traces tangibles, empruntant par exemple un obscur tableau pour réfléchir la situation des femmes livrées à la violence des envahisseurs ou encore une canne sculptée pour dire la guerre et la *« singularité normale »* de l'individu qui la pratique, produisant de même le journal d'enfance d'Anaïs Nin ou la correspondance de Fernand Léger pour en fournir d'autres clés. Les investigations d'Audoin-Rouzeau sont aussi singulières qu'inattendues ; cette sélection nous invite à un parcours pensé qui ne prétend pourtant pas au programme ; on y retrouve évidemment son sens des divisions éclairantes ainsi que cette curiosité qui l'entraîne sur des voies inédites pour cerner un sujet, la guerre, dont les proportions et les conséquences demeurent incalculables, à l'image de son emprise sur le destin des peuples.

Par cette diversité des sujets, on voit s'amorcer une logique chronologique, des règles récurrentes, tout le paysage de la guerre moderne s'ajustant au développement de nos sociétés, toujours présent, sous forme de reliquats prêts à se rallumer. De ces textes surnage l'homme, un simple individu parmi d'autres, qui donne un visage à la guerre, figure la violence et la mort, vainc l'innommable et pousse le cri. L'historien travaille dans un temps paradoxal, comme l'avait montré Roland Barthes : étudier le passé à l'aune du présent, traquer le sens de la guerre en période de paix et comprendre ce qu'on n'a pas expérimenté deviennent des sources de questionnement. C'est peut-être pour cela qu'Audoin-Rouzeau s'est attaché au temps court, restreint aux individus, aux morceaux d'existence, aux traces d'expérience personnelle, car elles contiennent ce que ne saurait dire, par sa complexité aberrante, ce grand maelström terrifiant et glacé de la guerre. Sans y glisser un peu d'humanité, on y perd le sens et la vie.

Au fil du recueil, on pénètre dans un véritable corridor planté de portes qu'on ouvre, inventaire d'une carrière dévouée à interroger le concept de *« culture de guerre »*, à en décrypter la raison à l'œuvre dans l'histoire et son travail sur les sociétés comme sur les individus. On retrouve les thèmes centraux qui ont travaillé et éclairé l'œuvre d'Audoin-Rouzeau : la notion de violence, aussi bien interpersonnelle qu'industrielle et anonyme ; la notion de consentement des acteurs engagés dans ces cataclysmes, qu'il faut éviter de voir en victimes passives d'un système ; celle de la mort de masse, opposée à cette valeur et cette puissance de la vie qui résiste parce que c'est toujours sa propre peau qu'on joue ; l'objectivation de l'horreur ; et puis surtout le sort des morts, leur souffrance et celle qu'ils engendrent par vague ; la place enfin du deuil avec ses cercles et ses secrets personnels.

La seconde partie du recueil traite des vivants ou plutôt des survivants, qui veulent savoir et trouver des raisons, butant devant l'incompréhension et le silence d'une mort lointaine, voire d'un corps disparu. La gageure consiste à montrer comment l'histoire rend palpable ce deuil et cette tuerie collective, loin des statistiques, quel traitement est apporté à la douleur des pertes, à cet intime collectif. La microhistoire impose son rythme, tire ses fils, investigue la mémoire intime des hommes. La guerre dialogue avec le corps ; on revient de toute façon au sensible, aux souffrances. Il s'agit pour l'auteur de parvenir à une heuristique anthropologique. Comment, par exemple, historiciser la souffrance ? Quelle en fut la réalité sur le destin des peuples, des familles et des personnes ? Comment s'est-elle transmise au fil des décennies et des générations ?

Le recueil se clôt par un texte grave et d'actualité sur les conséquences des attentats du 13 novembre 2015, réfléchissant à la façon dont s'est spontanément mise en place une culture de guerre qu'on pensait perdue. L'historien cède à la nécessité de regarder le présent, de lui trouver une figure de sens. Il ausculte une temporalité qui lui est doublement étrange : à cette lecture du monde contemporain s'ajoute cette sensation du temps de guerre, de ce franchissement d'une ligne, qui affirme désormais un avant et un après 13-Novembre. La nation républicaine est entrée dans une dimension aux référents bouleversés. Un processus d'héroïsation se répand dans la société qui en imprègne chaque partie, revisitant les grands mythes belliqueux des siècles passés. Objet de tentation pour l'historien, le présent a ses facettes trompeuses ; il porte surtout l'esprit du renouveau. L'évolution historique est une constante anthropologique et sociale qui, modifiant les données du réel, éblouit tout regard tenté par le jeu des analogies et la mise en correspondance d'une humanité alors tenue comme immobile, prisonnière de ce temps « autre » et commun que ménage la guerre. Notre perception faussée par cette logique des parallélismes renvoie à un trouble, un tremblement, comme sur une image qui capte deux moments et fixe en calque deux mouvements. Une ressemblance ne renvoie pas à une identité : c'est là l'une des limites de cette pratique du présentisme, sinon on se montre davantage en témoin des faits qu'en historien et l'on maltraite ce qui fait l'essence du vivant, son imprédictible singularité.

**Édouard Galby-Marinetti**

# Le Metropol

***Eugen Ruge***

***Trad. par Jacqueline Chambon***

Éditions Chambon, 2021, 352 p., 22,80 €

Eugen Ruge est né en 1954 à Soswa, dans l'Oural, d'un père allemand devenu citoyen soviétique avant d'être déporté au goulag et d'une mère russe. En 1988, il quitte Berlin-Est et passe à l'Ouest. Mathématicien, scénariste, homme de théâtre, traducteur et écrivain, son œuvre est irriguée par son histoire familiale. Son précédent roman, *Quand la lumière décline*, contait, à travers trois générations, les pérégrinations d'Est en Ouest et les désillusions d'une famille nourrie à l'idéologie communiste, à l'effondrement de laquelle les derniers descendants assistent à la fin des années 1980[1]. *Le Metropol* relate un épisode gardé longtemps secret de la vie des grands-parents de l'auteur, Hans et Lotte Baumgartner, alias Wilhem et Charlotte – dite Lotte – Germaine. Ceux-ci avaient fui l'Allemagne pour l'URSS lors de la montée du nazisme. À partir de leur dossier, qu'il découvre au début des années 2000 dans les archives d'État russes pour l'histoire sociale et politique, et des recherches qu'il a menées sur cette période, Eugen Ruge, mêlant réalité et fiction, reconstitue, dans ses détails les plus cocasses et les plus tragiques, leur vie quotidienne pendant les 477 jours qu'ils passent à l'hôtel Metropol, où ils sont assignés à résidence. Il décrit l'ébranlement psychologique que représente, pour les communistes convaincus qu'ils étaient, cette période de terreur et d'épuration et le climat de peur, de délation et d'anxiété qui règne alors en URSS.

En septembre 1933, Lotte arrive à Moscou de Berlin, où elle travaillait pour la représentation commerciale de l'URSS. C'est là qu'elle fait la connaissance de Wilhem, qu'elle épouse avant qu'il ne regagne la capitale soviétique. À son arrivée en URSS, elle intègre le Point Deux, qui forme les opérateurs de l'agence internationale de renseignement du Komintern, pour lequel son mari travaille également. Déchue de la nationalité allemande, à sa grande déception la nationalité soviétique ne lui est pas accordée. Elle retrouve sa collègue et amie Isa Koigen, ainsi que son mari Alexander Emel. Lotte est impressionnée par la grande culture d'Emel, qui enseigne l'histoire de l'Antiquité. Fin 1935, celui-ci est suspendu de ses fonctions de professeur, mais se dit persuadé que le camarade Staline, féru d'histoire, le réintégrera sans tarder. En août 1936, alors qu'elle séjourne avec

**1 - Eugen Ruge, *Quand la lumière décline* [2011], trad. par Pierre Deshusses, Paris, Les Escales, 2012.**

Wilhem à Yalta pour des vacances, Lotte apprend dans la *Pravda*, qui rend compte du procès Zinoviev qui s'est ouvert depuis peu, qu'un certain Moisseï Lurie – qui n'est autre, elle le comprend aussitôt, qu'Alexander Emel – est accusé d'être *« un agent trotskiste envoyé par l'étranger »* et qu'il a reconnu être *« à la tête d'un groupe armé fondé par un fasciste allemand »* ! Emel a reconnu sa participation à une conspiration trotskiste, même s'il nie avoir pris part à l'attentat contre Staline. On annonce ensuite la condamnation à mort des accusés. Lotte et Wilhem décident qu'ils iront informer, dès leur retour à Moscou, le Parti de leur relation passée avec Emel, cet *« ennemi du peuple »* déclaré auquel, circonstance aggravante, ils ont vendu un gramophone ! En attendant, *« ils jouent à être en vacances, ils jouent à : la vie est devenue meilleure, la vie est devenue plus joyeuse*[2] *! Jusqu'à ce que Wilhem soit pris de vomissements ».*

À son arrivée à Moscou, Lotte écrit au Komintern pour tenter de désamorcer les soupçons que, croit-elle, ses relations avec Emel et sa femme ne vont pas manquer de susciter : *« J'ai sérieusement réfléchi à comment j'ai pu être entraînée à connaître le criminel Emel par le biais de ma relation amicale avec sa femme. »* Quelques jours plus tard, son mari et elle sont priés de quitter leur appartement du Point Deux pour se rendre au Metropol, où ils sont assignés à résidence jusqu'à nouvel ordre. Une chambre leur est attribuée dans ce palace où continuent de séjourner quelques hôtes étrangers de marque, comme l'écrivain Lion Feuchtwanger[3], ou bien de hauts dignitaires. Parmi ces derniers, Vassili Vassilievitch Oulrikh qui, chaque soir, pénètre dans le hall de l'hôtel, escorté par un homme en manteau de cuir : en sa qualité de président du Collège militaire de la Cour suprême de l'URSS, Vassili Vassilievitch signe les condamnations à mort réclamées par le seul qui a son mot à dire dans les procès de Moscou, le procureur général Andreï Vychinski. Lotte et Wilhem, dont les ressources se limitent à quelques coupons, achètent à l'extérieur de quoi grignoter dans leur chambre, où cuisiner leur est interdit. Dans les files d'attente, les insultes pleuvent : on leur reproche, à eux les étrangers, d'enlever le pain de la bouche des Soviétiques. Il leur reste le magasin pour étrangers où ils se procurent du pain noir, quelques sardines à l'huile et des saucisses. Wilhem passe ses journées à la bibliothèque Lénine. Lotte tue le temps en arpentant les couloirs de l'hôtel, en suivant les parties d'échecs dans la salle

**2 - Annonce faite par Staline dans son discours aux stakhanovistes en 1935.**

**3 - Le séjour à Moscou du célèbre écrivain juif allemand en 1937, sa rencontre avec Staline et son éloge de celui-ci, alors que la répression est à son comble, seront vivement décriés.**

des Boyards et en restant allongée sur son lit des heures entières, sans mot dire, *« luttant contre ses pensées mauvaises : rongée au fond de ses entrailles par le rat du doute.* [...] *Elle ne sera jamais une véritable soviétique... Elle n'est simplement pas assez forte, et peut-être pas assez jeune »*. Seule la lecture lui offre une possibilité de fuite vers un autre monde.

Le soir, dans la salle de restaurant de l'hôtel, où les personnes assignées à résidence sont reléguées dans un coin, on compte les absents dont la porte de la chambre, le plus souvent, est plombée le lendemain matin, signe qu'on ne les reverra plus. La routine, les arrestations et les exécutions de plus en plus nombreuses, y compris désormais parmi les plus hauts responsables soviétiques, les questions et supputations de chacun nourrissent la peur, la culpabilité et le pessimisme : *« Leurs conversations tournent en rond : ils se persuadent mutuellement que ça ne va plus durer longtemps. Ou bien que c'est peut-être bon signe que ça dure si longtemps. »* Lotte voit bien que, de jour en jour, Wilhem se laisse dépérir. *« Je ne peux croire que l'intention du Parti ou votre intention soit de nous condamner à une lente mort morale »*, se résout-elle à écrire au Komintern, persuadée que Staline, comme la *Pravda* le rapporte, a du cœur, contrairement à beaucoup de bureaucrates du Parti.

À l'arrivée du printemps, Moscou entame la grande transformation annoncée par Staline, et les chantiers se multiplient : celui du nouveau métro, des autoroutes, des stades, des parcs de loisirs, et surtout de cet immeuble qu'on présente déjà comme celui qui sera le plus haut du monde, le Palais des soviets. Lotte se prend à envier les jeunes du Komsomol qui édifieront, pense-t-elle, *« une œuvre gigantesque tandis qu'elle restera sur la touche, obstinée, honteuse.* [...] *Elle comprend pourquoi le Parti ne sait pas quoi faire d'elle »*. Avec l'hiver qui revient, presque chaque nuit, désormais, des pas se font entendre dans les couloirs et, le lendemain, une ou deux personnes manquent au restaurant. Lotte finit par compter ceux qui restent, tant leur nombre se réduit. Les souvenirs et les questions se bousculent dans son esprit agité : *« Elle est une bonne camarade et si le Parti l'exclut, elle l'acceptera. Mais comment pourrait-elle avouer qu'elle est une ennemie du peuple ?* [...] *Elle n'a pas projeté de tirer sur Staline, elle n'a pas trahi de secret. Et pourtant elle est coupable. Profondément coupable. Coupable d'être née. Ça, elle l'a compris. Elle est prête à tout avouer. »* Wilhem et elle se couchent désormais tout habillés, laissent la lampe allumée et s'endorment tard : ils sont prêts, dans une tenue décente, si, dans la nuit, on venait les arrêter.

**Bénédicte Chesnelong**

# *Leyli et Majnûn* de Jâmi illustré par les miniatures d'Orient

***Trad. du persan, notes et introduction par Leili Anvar Direction scientifique de l'iconographie et introductions par Amina Taha-Hussein Okada et Patrick Ringgenberg***

Éditions Diane de Selliers, 2021, 432 p., 230 €

Aragon s'était inspiré de la légende de l'amour impossible de *Leyli et Majnûn* pour écrire *Le Fou d'Elsa*. Cette vieille légende arabe, qui raconte comment un jeune poète entreprit un chemin de folie et d'anéantissement parce que celle qu'il aimait lui était inaccessible, a donné lieu à trois œuvres majeures de la poésie persane, publiées en 1188-1189 pour la version de Nezâmi, en 1298 pour celle d'Amir Khosrow Dhelavi, et en 1484 pour celle de Jâmi (1404-1492), l'un des derniers grands poètes soufis, né et mort à Hérat, dans l'actuel Afghanistan, et qui vécut une partie de sa vie à Samarcande. C'est la version de ce dernier, traduite par Leili Anvar et accompagnée de précieuses notes qui enrichissent la lecture, que les Éditions Diane de Selliers viennent de publier sous la forme d'un très beau livre illustré par de splendides miniatures persanes et mogholes. Patrick Ringgenberg, historien de l'art et des religions, chercheur associé à l'université de Lausanne, et Amina Taha-Hussein Okada, conservatrice générale du patrimoine, en charge des arts de l'Inde au Musée national des arts asiatiques-Guimet, ajoutent aux images des commentaires éclairants.

Devenir fou *(majnûn)* par amour est à la fois une fierté et un destin, que les traditions mystiques ont souvent associés à la recherche éperdue de l'union à Dieu, au divin, au cosmos. C'est assurément le sens de l'interprétation que propose Jâmi de cette figure d'un amour qui ne cède pas à l'impossibilité à laquelle la société ou les familles l'assignent, figure que l'on retrouve dans d'autres traditions que celle de l'islam – songeons, par exemple, à *Tristan et Iseult*.

Le grand poème, le long chant de Jâmi tient son lecteur en haleine, entre la compassion que font naître ses descriptions du désespoir douloureux des amants, dont l'emphase est à rapporter à la fois à l'époque de son écriture et à son contexte oriental, et le sublime d'une spiritualité dont on voit tout ce qu'elle doit à la tradition philosophique grecque. Le choix de Majnûn d'une fidélité absolue à l'amour – c'est-à-dire à la vérité – qui l'habite, jusqu'à en mourir, est fortement nourri de l'idée que la mort est une délivrance de l'âme de sa prison corporelle et terrestre. Comment ne pas songer à Socrate buvant la ciguë et à la tradition néoplatonicienne qui suit ?

C'est d'ailleurs l'important enseignement collatéral de ce livre. Un enseignement frappant, tant à partir du texte que par les commentaires qui accompagnent les miniatures qui lui font écho. Certes, ce poème mystique est éminemment oriental, persan, et pourtant il s'inscrit dans une culture beaucoup plus large. Les images aussi, où l'on note à la fois la grande influence de la Chine et celle des peintres de la Renaissance européenne. De toute évidence, l'interdit de la représentation de la figure humaine et du Prophète n'était pas alors si prégnant qu'il l'est devenu[1]. En 1484, il y a pourtant déjà longtemps que l'islam est réputé s'être refermé, après avoir réduit au silence les mutazilites, et Averroès est mort depuis trois siècles, sans avoir de successeurs qui lui soient comparables.

L'islam, tel qu'il transparaît de l'œuvre de Jâmi, est en fait impensable sans son lien avec l'Occident. Comme le soutient Jacqueline Chabbi, lorsque son expansion a été telle que les fondements tribaux – d'une anthropologie marquée par les conditions très particulières de vie dans le désert de la péninsule arabique, en particulier autour de La Mecque – n'étaient plus aptes ou suffisants pour unifier l'espace conquis, les conquérants ont prolongé ce qu'avait déjà commencé le Prophète : ils ont puisé dans ce que leur offraient la Grèce et le judéo-christianisme les éléments nécessaires à la survie de leur empire. Ils l'ont fait, certes, en les réinterprétant, mais les liens sont indéniables et profonds. Y compris plastiquement : Amina Taha-Hussein Okada explique ce que certaines représentations de Majnûn doivent à l'œuvre de Dürer, notamment aux *Quatre Cavaliers de l'Apocalypse* (1498), et que *« la figure de Leyli dérive ostensiblement de gravures européennes et, en l'occurrence, d'une allégorie de la Piété royale, gravée par Pieter van der Heyden »*. Il y a même un côté « franciscain » dans la vie de Majnûn au désert, entouré des animaux sauvages, que l'on ne peut manquer de rapprocher de la prophétie d'Isaïe qui annonce que le loup vivra en paix avec l'agneau et que la panthère se couchera avec le chevreau…

En ce sens, l'islam est étroitement lié à l'Occident, contrairement à ce que l'on dit aujourd'hui tant en Europe qu'en Orient. Il en est partie prenante. Sans doute l'imprégnation est-elle réciproque, puisque certains rattachent la tradition européenne de l'amour courtois à des influences littéraires arabo-andalouses. Mais on peut alors évoquer Ovide et les romans grecs des

**1 - On lira à ce sujet le puissant et volumineux roman d'Orhan Pamuk, *Mon nom est Rouge* [1998], trad. par Gilles Authier, Paris, Gallimard, coll. « Folio », 2001.**

premiers siècles de l'ère commune. Il faudrait aussi élargir le champ des influences au-delà de l'Occident, en pensant les relations de l'islam à la civilisation chinoise, à laquelle les miniatures font des emprunts flagrants. Tout cela relève d'un entrelacs historique dont ne rend pas compte le « choc des civilisations ».

La lecture de Jâmi nous rappelle donc que l'interpénétration des cultures ne date pas d'hier. Nous aurions intérêt à nous en souvenir pour penser la présence de l'islam dans la société française. Ce n'est pas une présence si radicalement étrangère qu'on le dit, mais plutôt une réinterprétation de nos propres représentations. Mais encore faudrait-il que nous entretenions nous-mêmes avec celles-ci un dialogue vivant. C'est tout l'intérêt d'un tel travail éditorial de nous le suggérer.

**Jean-François Bouthors**

# En attendant la neige

***Lhasham-Gyal***

***Trad. par Françoise Robin***

Éditions Picquier, 2021,

400 p., 22,50 €

Ce premier roman de Lhasham-Gyal résonne comme un long poème nostalgique, une ode ininterrompue au Tibet et à ses habitants. Le passage du temps, incarné par l'histoire de vie culbutée de quatre amis d'enfance, le narrateur, Säldrön, Nyima Döndrup et Tharphel, ne fait que glisser sur la beauté d'une nature qui, seule, garde en mémoire la trace de ce qui est authentique et témoigne de valeurs pérennes. L'écrivain puise dans son vécu, depuis sa découverte du pouvoir des mots quand, dans sa jeunesse en Amdo, haute montagne au nord-est du Tibet, il lisait tout en gardant des moutons, jusqu'à son travail actuel au Centre de recherches sur les études tibétaines de Pékin, pour illustrer les bouleversements économiques, politiques et sociaux de son pays. Mais au-delà des blessures infligées par la prégnance d'une réalité souvent hostile et subversive, c'est toute la question de l'identité, de la fidélité à un idéal hérité ou choisi qui habite et nourrit le récit.

La construction du roman, marquée par des retours en arrière, la description détaillée de lieux, de paysages, le rappel de liens anciens et de rapports de force ancestraux, les conversations directes ou indirectes entre les amis sur leurs choix, leurs hésitations, leurs compromis aussi, reflète la douloureuse insertion dans un monde encore largement perçu comme étranger. L'absence de linéarité dans la narration concourt à révéler le trouble qui perturbe tous les personnages du roman, contraints à repenser leurs allégeances, leurs principes, face à un processus qui, dans un même élan, transforme et détruit.

Le village de Marnang ouvre et clôt le récit. À la première scène qui évoque la querelle passagère entre les quatre jeunes copains autour du mot et de l'écrit, le narrateur affirmant avoir tracé la lettre-consonne tibétaine Ka sur la neige et les autres enfants voulant la lui *« prendre »*, répond la dernière séquence qui les voit, devenus adultes, retourner sur *« leur terre natale »* pour tenter d'aider Tharphel, devenu chef du village, à mettre fin aux affrontements meurtriers qui opposent sa communauté à celle de Yarnang, conflit entre sédentaires et nomades. Entre-temps, tout se joue, se défait et se croise.

Lhasham-Gyal réussit à rendre sensibles le sens et la place que peuvent prendre l'éducation, l'amour, l'amitié, l'ambition ou la réussite sous toutes ses formes dans une société en pleine évolution. La rupture entre le destin des quatre amis, tel qu'il était programmé, dès leur naissance, eu égard à la foi et au culte des ancêtres – mariage entre le narrateur et Säldrön, entrée au monastère pour Nyima Döndrup, reconnu comme la réincarnation de Kulo de Marnang, maintien au village pour Tharphel qui ne saura jamais ni lire ni écrire –, et la brutale réalité de la vie met au cœur du récit la quête du respect de soi, entre modernité et tradition.

Des instantanés se succèdent, illustrant la collision de deux modes de pensée et la difficile appropriation de changements orchestrés au sommet des instances d'un parti. L'arrivée de l'électricité, de la télévision, du cinéma rompt l'isolement du village et contribue à conjuguer autrement le temps et l'espace, rendant aussi obsolètes le passage et les messages apportés par les pèlerins. Le secrétaire Wang, cadre de la commune, *« un Chinois qui parlait tibétain »*, prend le dessus sur le chef du village lors de l'inauguration de la nouvelle école. Le narrateur se voit encore enfant face au portrait du *« grandiose dirigeant »* qui, trônant sur le mur de la salle à manger, semblait le condamner irrévocablement pour avoir, par gourmandise, volé quelques dattes à sa mère.

Pépé-Crinière racontant des légendes, des enfants chantant à tue-tête ou récitant des proverbes anciens, des parents expliquant que *« les mérites s'épuisent »* si on appelle un moine par son nom laïc sont autant d'images qui refusent toujours de s'éloigner. Mais c'est surtout la neige qui rassure par sa présence. Que des lettres soient dessinées sur elle ou que des empreintes de pas révèlent des rencontres clandestines, elle participe à la découverte de soi et perdure dans l'imaginaire comme un allié précieux.

Les événements concrets qui ponctuent la vie des héros – pour le narrateur, le collège, puis dans *« une ville de l'intérieur »* un travail et le mariage avec Tenzin Drönmé, une Tibétaine qui ne parle même pas sa langue, s'exprime en chinois et ignore sa culture ; pour Nyima Döndrup, la fuite du monastère et la réussite comme homme d'affaires ; pour Säldrön, l'échec au collège, des années de prostitution en reniant son nom et son origine et les retrouvailles bénéfiques avec Nyima Döndrup ; pour Tharphel, un amour fugitif car impossible avec Dadrön, la sœur aînée de Säldrön, et la responsabilité de Marnang – sont perçus comme des épiphénomènes, sans réelle signification ou importance. Ils ne font qu'effleurer la conscience des personnages, glissant sur leurs affects, les laissant comme extérieurs à leur déroulement, indifférents à leurs implications immédiates.

Leur vérité se situe ailleurs et toute la magie poétique de ce roman tient précisément en la saisie de cet instant où tout finit par avoir du sens, en l'acceptation de ce lieu intime qui permet de réconcilier les facettes éparpillées d'une identité bousculée. Pour le narrateur et ses amis, leur village est ce lieu : au lecteur de trouver le sien.

**Sylvie Bressler**

## Un Occident kidnappé ou la tragédie de l'Europe centrale

### *Précédé de* La littérature et les petites nations

***Milan Kundera***
***Présentations de Pierre Nora et Jacques Rupnik***
Gallimard, 2021, 80 p., 9 €

À travers ses romans mais aussi ses essais, Milan Kundera s'est révélé comme le chantre de ce qu'on peut encore appeler l'« Europe centrale », cette zone géographique qui inclut, selon lui, le pays où il est né, l'ancienne Tchécoslovaquie, ainsi que la Hongrie et la Pologne, mais avec, en arrière-fond nostalgique, cette Autriche-Hongrie disparue en 1918, immense et regretté foyer culturel. Dans un article pour la revue *Le Débat*, en 1983, l'écrivain, désormais citoyen français, revenait en quelques pages fulgurantes sur ce que représentait pour lui, historiquement, cette *Mitteleuropa*. C'est cet article que fait reparaître aujourd'hui la collection « Le Débat », dans un bref volume qui contient également un texte encore inédit en français, « La littérature et les petites nations », discours prononcé lors du Congrès des écrivains tchécoslovaques en 1967. Ces deux contributions apportent aujourd'hui un éclairage pertinent au débat sur l'identité européenne, le rôle chancelant de la culture moderne et l'avenir problématique des nations.

Pour Kundera, les choses sont claires : c'est la culture qui forgeait jadis l'identité d'une nation. En 1918, les pays d'Europe centrale ont choisi non pas l'assimilation à un empire, mais l'autonomie politique. Les écrivains tchèques, par exemple, écrit Kundera dans son discours de 1967, *« ont une responsabilité majeure dans la survie même de notre peuple »*.

Ils choisirent de s'exprimer dans leur langue propre, et non en allemand. Dans *Un Occident kidnappé*, pour mieux faire comprendre la question, Kundera prend l'exemple des Juifs sionistes qui, de fait, n'optèrent pas pour l'assimilation et créèrent l'État d'Israël : *« En refusant l'assimilation*, écrit Kundera, *le sionisme, né d'ailleurs aussi en Europe centrale, n'a choisi que la voie de toutes les nations centre-européennes. »*

On sent ici une sorte d'hésitation de Kundera entre, d'une part, la volonté d'indépendance des peuples européens et, d'autre part, un cosmopolitisme qui eut son heure de gloire sous l'empire austro-hongrois et dont Kundera déplore la disparition. Il sait que ce temps des fêtes de l'esprit ne reviendra jamais, ne serait-ce que parce que la culture joue désormais dans nos sociétés un rôle mineur, quasi méprisé. Notre époque, dit-il tristement, est une époque *« après la culture »*. C'est une mutation anthropologique fondamentale. Kundera se demande ce qui va arriver ensuite. Il n'est pas très optimiste, envisageant très bien *« la fin possible de l'humanité européenne »*. Par son attirance pour le cosmopolitisme, et donc l'assimilation, Kundera revendique apparemment un certain conservatisme, mais sans se faire beaucoup d'illusions. Pour lui, l'expérience tragique des pays d'Europe centrale au XXe siècle préfigure ce qui arrive à l'Europe de l'Ouest, la dissolution de la culture dans une idéologie qu'un Guy Debord, par exemple, nommait *« la société du spectacle »*. Aucune rébellion ou révolte n'est, semble-t-il, envisageable contre cet état de fait, sauf chez des esprits minoritaires, qui ont gardé la mémoire du passé. Mais Kundera n'a pas peur des mots pour exprimer son regret et il endosse cette responsabilité le cœur vaillant, tout en sachant la cause perdue.

**Jacques-Émile Miriel**

# Le sens de la merveille

***Rachel Carson***
***Trad. par Bertrand Fillaudeau***
José Corti, 2021, 176 p., 19 €

Mondialement célèbre, l'autrice du *Printemps silencieux* (1962), Rachel Carson (1907-1964), journaliste scientifique, a écrit de nombreux articles qui, regroupés, nous donnent de ses nouvelles. Les seize textes de ce recueil s'échelonnent de 1920 à 1964, année de sa mort, à la suite d'un cancer. Fille d'un fermier, elle découvre la nature en explorant le domaine familial et ses à-côtés. Étudiante en biologie marine, fonctionnaire de l'US Bureau of Fisheries, où elle rédige cinquante-deux épisodes d'une émission radiophonique de vulgarisation sur la vie aquatique, qui l'inciteront à écrire *La Vie de l'océan*, son premier succès de librairie en 1951. Elle doit lutter contre le sexisme ambiant et affronter les lobbies de l'industrie chimique, lorsqu'elle dénonce les dégâts causés par les insecticides et pesticides. Son incroyable sensibilité, associée à une grande capacité à observer le vivant, lui permet d'évoquer les interrelations qui se manifestent entre les plantes, les animaux, leurs milieux et les humains.

Ses lectures (Audubon, Thoreau, Emerson, Muir, etc.), ses recherches en laboratoire et surtout ses études *in situ* lui révèlent l'interdépendance des divers « éléments » constitutifs d'un même écosystème : tout est lié sur Terre, pour le pire comme pour le meilleur. Déjà à 13 ans, en 1920, dans « Le combat pour la vie progresse », elle note : *« Que le déclin de la faune soit lié, de manière inéluctable, aux destinées humaines est désormais un fait acquis chez nous, la préservation est donc primordiale. La faune, il convient de le rappeler, disparaît parce que son habitat a été détruit. Or l'habitat des animaux sauvages est aussi le nôtre. »*

En 1949, dans « Les mondes perdus : l'enjeu des îles », elle s'inquiète de la disparition de nombreuses espèces végétales et animales dont l'homme est responsable. Dans « Le bord de mer », publié en 1953, elle alerte les lecteurs sur les effets du réchauffement climatique sur la faune et la flore, mais aussi sur le sable, les larves, la qualité de l'eau, et constate que *« personne ne vit pour soi-même »*. Elle se promène, en 1956, avec son neveu dans la nature et s'extasie que celui-ci, qui a 4 ans, enregistre les noms de ce qu'il découvre et se satisfait de cette *« école dehors »*.

En 1963, elle complète son accusation de l'industrie chimique, responsable de nombreuses maladies environnementales et de dénaturation des milieux, et prononce un important discours, « La pollution de notre environnement », qui est d'autant plus émouvant qu'elle se sait condamnée. Elle connaît la puissance du lobby, et de ses alliés parmi les scientifiques qui vivent de ses subventions et mentent éloquemment, et sait à quel point tout combat nécessite énergie et vigilance pour que ses acquis se pérennisent. Elle espère, explique-t-elle à son public, que chacun acceptera, enfin, que *« nous sommes liés à notre environnement »*.

Le dernier texte, daté de septembre 1963, est une lettre à son inestimable amie Dorothy Freeman, rencontrée en 1953, à qui elle confie : *« Pour les Monarques, ce cycle se mesure à l'aune du mois. Pour nous-mêmes, le métré est d'une autre nature, et nous n'en connaissons pas la durée. Mais l'idée est la même : lorsque ce cycle intangible a suivi son cours, il est naturel, et ce n'est pas une chose triste, qu'une vie arrive à sa fin. »*

**Thierry Paquot**

## Trois leçons sur l'école républicaine

***Éric Maurin***

Seuil, 2021, 128 p., 11,90 €

On ne peut qu'être frappé par l'incidence théorique et pratique de la thèse d'Éric Maurin selon laquelle les inégalités scolaires ne viennent pas de l'école elle-même, ainsi que Bourdieu et Passeron ont pu le soutenir. En effet, l'économiste et sociologue, s'appuyant sur de nombreuses études, confirme la prépondérance de l'inégalité des conditions de vie sur les carrières scolaires, masse de granit sur laquelle l'école n'a aucune prise, tout en s'y heurtant constamment. Aussi s'engager dans une lutte contre les inégalités à l'école est-il voué à l'échec, puisque ce but relève d'abord et surtout de politiques sociales. En revanche, la réduction de la pauvreté des enfants forme le moyen le plus efficace pour rétablir les chances concrètes de réussite. C'est à un grand déplacement du regard analytique que convie cet essai incisif sur *« le problème du siècle »* que constitue toujours *« l'inégalité d'éducation »*, selon un célèbre discours de Jules Ferry en 1870. Par sa problématique autant que par ses thèmes d'investigation (laïcité, centralisme, élitisme), l'auteur opère ainsi une *« plongée au cœur du système »*.

L'hypothèse globale d'Éric Maurin, que l'on peut qualifier d'« externaliste », ne doit pas être conçue comme une régression à une intuition de sens commun, selon laquelle « tout se joue à la maison », ni comme la réhabilitation d'un déterminisme inhérent au « milieu » dont un XIX^e^ siècle eugéniste et hygiéniste, hanté par les tares héréditaires et l'angoisse de la dégénérescence, a livré la forme doctrinaire. Au contraire, toute idée d'une « fatalité » des inégalités scolaires qui minerait l'école républicaine est écartée de l'étude, dont la perspective est résolument de connaissance et d'amélioration.

Paradoxalement, la décentration préalable de l'origine des inégalités favorise une meilleure lisibilité des effets propres à l'école. En délimitant le territoire de l'institution scolaire, il est plus facile d'établir ce qui dépend vraiment d'elle, de décrire son action en l'isolant de l'environnement et d'évaluer en toute rigueur des résultats qui lui sont imputables.

L'essai d'Éric Maurin est constitué de trois études qui peuvent être lues de façon indépendante : monoculturalisme, centralisme et élitisme. La première leçon, « Derrière le voile », lève surtout le voile de l'ignorance en s'intéressant à *« l'impact concret de la laïcité sur la scolarité des élèves »*. Éric Maurin a cherché à évaluer l'incidence de la loi du 15 mars 2004, précédée par la circulaire « Bayrou » de 1994, à laquelle il attache plus d'importance qu'à la loi, car marquant un véritable tournant politique en matière de prohibition des signes religieux, bien que non contraignante. Les adversaires de la loi avaient en effet invoqué les risques de déscolarisation des jeunes filles musulmanes, outre celui de la stigmatisation. Or l'étude, qui se fonde sur des comparaisons entre cohortes d'élèves scolarisées avant et après 1994, avant et après 2004, par rapport à des groupes témoins de garçons musulmans, aboutit à la conclusion suivante : *« En définitive, l'interdiction du voile dans les écoles a eu un effet négatif sur les scolarités des adolescentes porteuses d'un voile "revendiqué" et un effet positif sur les adolescentes subissant un voile contraint, voire "répressif". »*

La deuxième leçon, « Après l'inspection », montre l'effet bénéfique des inspections sur la qualité de l'enseignement en collège, y compris en zone d'éducation prioritaire, mais les modalités de l'inspection ont été complètement revues depuis. La troisième leçon, « La fabrique d'une élite », porte sur l'élitisme des classes préparatoires scientifiques, élitisme qui se traduit par un tableau *« sans filles ni pauvres »*. Ces deux catégories sont en effet défavorisées parce qu'elles renoncent à la stratégie très efficace du redoublement, trop coûteuse, y compris en temps.

Ce sont donc autant aux effets positifs que négatifs des fonctionnements scolaires qu'Éric Maurin s'est intéressé. Si la division du travail entre le savant et le politique a constitué sa règle d'or, se dégage cependant de son propos la conviction qu'il convient d'abandonner le mythe de la réforme salvatrice qui changera l'école et la rendra plus juste. Dans ce contexte, le rôle de la connaissance scientifique est d'identifier les mécanismes précis qui conduisent à des effets inégalitaires afin de pouvoir les corriger ou les neutraliser, y compris en amont de l'école.

**Isabelle de Mecquenem**

## Sur les rives de Tibériade

***Rachel***
***Traduit de l'hébreu et présenté par Bernard Grasset***
Éditions Arfuyen, 2021, 192 p., 17 €

Avec *Sur les rives de Tibériade*, les Éditions Arfuyen achèvent la publication en version bilingue (hébreu/français) de l'œuvre poétique, critique et épistolaire de Rachel. On en doit la traduction, l'annotation et la présentation, toutes trois remarquables, à Bernard Grasset. Deux beaux recueils avaient déjà été proposés aux lecteurs francophones, *Regain* et *De loin* suivi de *Nébo*. Mais ce dernier ouvrage permet une approche des multiples talents de Rachel puisqu'il offre non seulement des poèmes inédits, mais aussi des essais et de belles pages de prose.

La figure de Rachel (1890-1931) est profondément attachante. Elle naît dans une famille de la bourgeoisie juive russe, pratiquante, cultivée et polyglotte. De formation artistique comme beaucoup dans sa famille, elle choisit toutefois, avant la Première Guerre mondiale, de partir en Israël et d'y vivre dans un kibboutz agricole. Cet attachement, on ne peut plus concret, à une terre qu'il lui faut cultiver, la conduira en France pour y perfectionner ses compétences d'agricultrice. Surviennent alors la guerre de 1914-1918 et pour elle des années de misère, puis un retour en Russie pour aider sa famille avant l'émigration définitive en 1919 et son installation au bord du lac de Tibériade. Mais la femme qui revient sur la terre qu'elle aime n'est plus la jeune fille pleine d'élan d'avant la guerre, la tuberculose dont elle mourra l'a atteinte et cette maladie l'obligera à quitter le kibboutz pour vivre à Tel-Aviv avant que de finir ses jours en sanatorium.

C'est donc une vie brève et âpre, traversée par les épreuves infligées par la violence de l'histoire comme par la maladie. Et cette âpreté qui affleure dès le début se renforce avec les dernières douloureuses années : *« J'ai tout raconté de moi, jusqu'au bout, / Tous mes raisins – au pressoir. / Je garderai le silence ! / Toi qui n'as pas entendu mes paroles – / Entendras-tu mon silence ? »*

Toutefois, alors que l'on aurait pu craindre que la douleur n'engendrât un *pathos* mélancolique, l'un des traits les plus remarquables de cette œuvre est sa sobriété : *« Voilà qui est clair pour moi : le signe du temps dans l'art poétique est la simplicité de l'expression,* […] *expression dépouillée d'artifices littéraires, qui touche le cœur par sa vérité humaine, qui garde la force de se graver dans la mémoire.* » Cette simplicité s'enracine dans l'expérience humaine brute mais aussi dans une forme de rectitude sans détour inutile propre à la Bible. Les Prophètes, les livres sapientiaux, le parallélisme des Psaumes sont fréquemment sous-jacents tout en n'interdisant en rien la modernité de l'expression. Ainsi dans cette magnifique résurgence du Cantique des cantiques : « *Dans mon jardin je t'ai planté,/ Dans mon jardin caché – dans mon cœur./ Tes branches se sont entrelacées,/ Tes racines ont creusé profond en moi.* »

Lorsqu'on remarque que ce dernier poème date d'à peine un an avant la mort de Rachel, on mesure aussi que la douleur n'a jamais eu le dernier mot. Peut-être en raison d'un amour charnel, vivant, de la terre et donc de la vie. Ainsi justifie-t-elle, dans une lettre au père de Moshe Dayan, sa venue en France pour y perfectionner son savoir : « *Je veux approfondir les secrets de la vie du règne végétal, le mystère des mystères de la vie de toute la nature.* » De fait l'attachement de Rachel au paysage de Tibériade, du Jourdain, ne procède pas d'une démarche identitaire et n'a rien d'idéologique. Il est le fruit d'une adhésion de tout l'être à la plénitude de la vie qu'elle y pressent : « *Rives du Jourdain : plénitude éclatante du jour ;/ Barque de pêcheurs. Je m'incline, je m'enivre/ De l'eau de la paix.* »

L'attachement à la dimension spirituelle d'une terre imprégnée de mémoire (ce « *n'est pas seulement un paysage, le lac de Tibériade, ni un fragment de nature, le destin d'un peuple s'allie à son nom* »), n'exclut donc pas le sentiment d'une puissance cosmique qui transcende toute appropriation. Pour cette raison, et pour bien d'autres, il est bon et heureux, aujourd'hui, de découvrir l'œuvre de Rachel : « *Ceux qui dorment dormiront encore/ Et se délecteront de leur sommeil ;/ Mais moi – alliée de la nuit,/ Je partage son secret étoilé.* »

**Pascal Riou**

---

# Le jour qui revient

***Roger Dextre***

La Rumeur libre, 2021, 138 pages, 16 €

---

« *Voilà ce que d'âge en âge/ transmettent les poèmes,/ laissant au cœur de notre confiance/ une inaptitude à comprendre.* » Parcourir Roger Dextre, c'est s'assurer qu'il est philosophe autant que poète. Philosophe sensible, plongé dans le velouté du monde, il fore une manière de dédale dans la tendresse des choses. En attestent le présent recueil et ces vers, finement orchestrés, dont la musicalité use d'harmonies familières et secrètes : « *Dieu ne manque pas,/ la pluie tombe toujours/ ainsi que les fêtes, les aurores./ La douceur/ se porte comme une plainte,/ les plaies paraissent des preuves,/ on est tombés à genoux pour des riens/ de gratitude et d'espérance.* » Il en va d'une ligne mélodique – d'un *« bruit de pluie dans le langage »*, aurait écrit Yves Bonnefoy – qui, par la pensée chantée qu'elle développe, dessine *« une ascension ponctuelle et infinie »*, serait-elle de *« voix/ qui parlent ou/ qui flambent »*. L'art, le bel art, de Roger Dextre, c'est d'esquisser, par-delà ce qui ne serait pour le regard commun qu'immédiateté triviale, l'épaisseur impalpable du temps et de la mémoire – *« quand le rêve se casse/ en heures chômées,/ en espoirs délaissés,/ en ruines et en friches »*.

**Paloma Hermine Hidalgo**

## Les Japonais

***Karyn Nishimura-Poupée***

Tallandier, 2021, 672 p., 12,90 €

Qu'est aujourd'hui le Japon ? Le pays reste la troisième économie mondiale, tente de rester en bons termes avec son puissant voisin chinois, tout en renforçant ses liens militaires avec les États-Unis pour promouvoir une zone indopacifique *« libre et ouverte »*. L'archipel, bien que secoué par la mauvaise gestion de la crise sanitaire, ignore les turbulences politiques et sociales que connaissent l'Europe et les États-Unis. Les Japonais ont perdu le goût des manifestations : l'ordre et les valeurs traditionnelles restent largement respectés. Le vieillissement (les plus de 65 ans représentent 28 % de la population), conjugué à la chute de la natalité (1,36 enfant par femme), contribue à l'enlisement de la vie politique : les jeunes, qui ne se sentent pas représentés, boudent les urnes (taux d'abstention de 48 %). Et le Japon se vide de sa population. Après l'accident nucléaire de la centrale Fukushima-Daiichi, le triple désastre (séisme, raz-de-marée, sinistre atomique) a brouillé l'image du « miracle japonais », qui faisait l'admiration des économistes du monde à la fin des années 1960. Désormais, le Japon souffre d'une incompréhension à l'étranger et d'un déclin à l'intérieur. Ce riche ouvrage aide à en comprendre tous les aspects. Le pays du Soleil-Levant saura-t-il rester la figure de proue de l'Asie ? Il compte pour cela sur ses moyens techniques et culturels afin de renforcer une action diplomatique encore souvent déficiente. Dépourvu de ressources naturelles, insuffisamment puissant dans les instances internationales et de moins en moins peuplé, il dispose incontestablement de valeurs, de connaissances, d'expériences ou de savoir-faire uniques, susceptibles de lui donner un rôle important sur la scène internationale.

**Eugène Berg**

# Léontine Zanta
## Histoire oubliée de la première docteure française en philosophie

***Annabelle Bonnet***
***Préface de Geneviève Fraisse***
L'Harmattan, 2021, 104 p., 12,50 €

Peut-on devenir en France la première femme docteure en philosophie, braver les préjugés misogynes de l'Université, professer le féminisme et achever sa trajectoire personnelle et intellectuelle dans le conservatisme social, le ralliement tacite à Vichy et la dénonciation des militantes féministes ? À lire l'ouvrage de l'historienne Annabelle Bonnet consacré à Léontine Zanta, tiré de sa thèse de doctorat, la réponse est positive. Poussée par son père à étudier la philosophie, patronnée par le sévère Gabriel Séailles et influencée par Henri Bergson, Léontine Zanta étudie à Paris dans un milieu exclusivement masculin, peu convaincu par la destinée philosophique de la jeune femme qui renonce au mariage et à la maternité. Le 19 mai 1914, à 42 ans, treize années après l'obtention de sa licence, elle devient docteure en philosophie, avec une thèse qui porte sur les liens entre le christianisme et le stoïcisme. Elle est publiée en 1917 et obtient le prix Marcelin-Guérin. Restant à l'écart de l'Université, Léontine Zanta s'investit dans le journalisme et le roman, qui la consacrent. Après la victoire du Cartel des gauches, la catholique frondeuse et émancipatrice conspue le féminisme non catholique et dérive vers le conservatisme social sous Vichy.

**Philippe Boulanger**

# Héritage et fermeture
## Une écologie du démantèlement

***Emmanuel Bonnet,***
***Diego Landivar***
***et Alexandre Monnin***
Divergences, 2021, 168 p., 14 €

*« Les infrastructures du capitalisme ont tissé un continuum temporel, spatial et ontologique qui fait que la plupart de nos modes de subsistance, d'habitabilité (géographie, territoire), sont aujourd'hui foncièrement dépendants. »* Que faire alors avec ce qui est ? Telle est la question de ce livre percutant. Deux nouveaux repères épistémiques sont proposés : la *« posture de l'héritage »* et la *« méthode de la fermeture »*. L'héritage est à la fois ce dont nous devons nous passer, du charbon aux avions, en passant par le pétrole et le

numérique, ce qu'il faut *« patrimonialiser d'une manière ou d'une autre »*, à l'image des déchets nucléaires, et ce avec quoi il faut vivre, mais autrement, *« pour instaurer un autre rapport avec ce qui est devenu toxique, sans l'être nécessairement ni définitivement, à l'instar des espèces invasives »*. L'héritage est ainsi à la fois une continuité, un deuil, une charge et une responsabilité. La fermeture, pour sa part, est un *« horizon politique, administratif, juridique et technique »*, qui n'est pas étranger au capitalisme et au néolibéralisme, qui l'ont employé dans différents registres, de la liquidation financière à la fermeture d'usines. La fermeture que proposent les auteurs se situe à l'opposé de ce spectre : c'est une redirection qui prend en compte les *« milliers de réseaux de dépendance, de subsistance et d'attachements à démêler et à désassembler »*. Une écologie, en somme, qui a *« plus besoin du tournevis que de la bêche »*. Ce livre, riche aussi de son appareil critique, invite à un renversement nécessaire pour la réflexion et l'action politique.

**Antoine Hardy**

# Trop de fonctionnaires ?
## Histoire d'une obsession française (XIXe-XXIe siècle)

***Émilien Ruiz***
Fayard, 2021, 272 p., 22 €

Cet essai rappelle l'ancienneté de la critique du nombre de fonctionnaires, souvent réactualisée à l'occasion des périodes électorales, mais aussi la diversité des positions politiques que cette critique a pu abriter, par exemple la suspicion d'un manque de loyauté des fonctionnaires en place à l'égard d'un nouveau régime, un discours contre l'État, l'exclusion par le régime de Vichy des Français juifs, francs-maçons ou naturalisés, ou encore la dénonciation libérale d'un État « obèse » dans les années 1980. C'est *« l'entretien de cette confusion sur la définition des fonctionnaires qui a permis de faire de la critique de leur nombre un* leitmotiv *du débat public »*. Les « compressions » des fonctionnaires dans les années 1920, comme le non-remplacement des fonctionnaires partant à la retraite dans les années 2000, montrent bien que le prétendu « tabou » de leur nombre est une construction politique, par ailleurs dissociée de toute réflexion sur le rôle de l'État. Les réformes de ces dernières années ayant participé d'un

*« mouvement plus général d'externalisation de l'action publique et de brouillage des frontières avec les intérêts privés »*, cette réflexion serait pourtant indispensable.

**Antoine Hardy**

## Le choix du chômage

### De Pompidou à Macron, enquête sur les racines de la violence économique

***Benoît Collombat et Damien Cuvillier***

***Préface de Ken Loach***

Futuropolis, 2021, 288 p., 26 €

Ce roman graphique est une fascinante enquête d'histoire économique. Benoît Collombat, journaliste à France Inter, et Damien Cuvillier, auteur et dessinateur, mènent une investigation méthodique sur la politique économique conduite en France et en Europe depuis la fin de la Seconde Guerre mondiale. Ils interrogent de très nombreux témoins (anciens membres des cabinets ministériels, cadres de la haute administration, juristes, sociologues, économistes, responsables politiques). Le chômage apparaît comme un choix des politiques économiques. C'est une histoire dense et complexe où le dessin de Damien Cuvillier montre toute la richesse de cette forme de narration pour rendre compréhensibles aussi bien les grands concepts économiques que les étapes menant à l'Union européenne telle qu'elle est aujourd'hui. À la fin de l'enquête, le juriste Alain Supiot critique les mystifications du prix d'économie de la banque de Suède à la mémoire d'Alfred Nobel, souvent présenté de manière abusive comme un « prix Nobel d'économie » : *« C'est une façon de placer la science économique dans une position de surplomb : un dogme qui s'impose et qui est soustrait à la délibération démocratique. »* Au contraire, ce travail rouvre une histoire obscurcie par un prétendu impératif de modernisation et montre tout ce qui aurait pu, et pourrait être, différent.

**Antoine Hardy**

## Le grand dérangement

### D'autres récits à l'ère de la crise climatique

***Amitav Ghosh***

***Trad. par Morgane Iserte et Nicolas Haeringer***

Wildproject, 2021, 250 p., 20 €

*« Avant la naissance du roman moderne, partout où l'on racontait des histoires, la fiction se régalait d'inouï et d'invraisemblable. »* À

partir du XIX^e^ siècle, le roman se centre sur une *« aventure morale individuelle »*. Les récits, littéraires mais aussi géologiques, abandonnent l'improbable et l'exceptionnel pour la probabilité et la linéarité. Ils épousent la tranquillité de la culture bourgeoise. Seulement, et c'est son paradoxe, cette focalisation intervient au *« moment précis où l'activité humaine modifiait l'atmosphère terrestre »*. L'écrivain Amitav Ghosh identifie très peu d'écrivains *« dont l'œuvre de fiction nous aurait mis sur la piste de changements accélérés de notre environnement »*. Ils sont d'ailleurs souvent relégués dans le territoire « hybride » de la science-fiction, exclu de la légitimité littéraire traditionnelle. Même l'engagement littéraire sur de nombreux fronts *« demeura aussi ignorant de la crise qui frappait à notre porte que ne l'était le grand public »*. Le monde contemporain, fait de continuités insistantes et de phénomènes physiques dramatiques, rend poussiéreuses et datées ces manières dominantes de classer et de raconter. Le *« manoir de la fiction sérieuse »* et *« les fronts de mer condamnés de Mumbai et de Miami Beach »* semblent pourtant agrippés à cette défense du monde dont ils viennent et dont ils sont l'incarnation. Cet essai important permet d'espérer autre chose en puisant de l'énergie pour fabriquer cette *« porte de sortie hors de l'imaginaire individualisant dans lequel nous sommes piégés »*.

**Antoine Hardy**

# Moyen Âge et procès de civilisation

***Norbert Elias***
***Présentation d'Étienne Anheim***
***Trad. par Anne-Marie Pailhès***
Éditions de l'EHESS, 2021,
219 p., 13 €

Injustement ignoré des éditions anglaise et française de l'œuvre maîtresse du sociologue allemand Norbert Elias (1897-1990), *Über den Prozess der Zivilisation* (publié en 1939, réédité en 1969, avant d'être traduit en français et en anglais dans les années 1970), ce chapitre éclaire le moment médiéval du *« processus de civilisation »*. Il analyse en effet la place de la société médiévale dans la *« sociogenèse de la civilisation occidentale »*. Après un *« panorama de la société de cour »*, qui a *« forgé le style »* de l'Occident, marqué par le contrôle de soi, Elias propose une généalogie sociale de l'absolutisme qui insiste sur les facteurs économiques et démographiques. Ce sont en effet les variations de la rente foncière qui expliquent la désintégration féodale en petites seigneuries ou, au contraire, la centralisation absolutiste. Avec cette dernière, on observe, notamment dans la poésie des troubadours, que les pulsions, qui étaient *« sauvages, cruelles, enclines à l'explosion et dévolues à l'envie du moment »* durant la période féodale, s'apaisent, même si *« la pacification des âmes est encore loin d'être aussi avancée qu'elle ne le sera par la suite, lorsque le roi absolu pourra même interdire les duels »*. Elias fait ainsi apparaître la dynamique sociohistorique de l'Occident médiéval : *« La croissance des unités d'intégration et de domination vers la formation de plus grandes unités est toujours en même temps l'expression de changements dans la structure de la société et des relations humaines elles-mêmes. »* On notera l'absence de toute référence à l'Église dans cette dynamique, ce que les références contemporaines données dans la présentation d'Étienne Anheim permettent de corriger. Cette dernière interroge en outre *« l'invisibilisation du Moyen Âge dans la tradition des sciences sociales »* et la manière dont les savoirs circulent entre les différentes disciplines et les différentes traditions nationales au XXe siècle.

**Jonathan Chalier**

## Les pharisiens dans les Évangiles et dans l'histoire

***Mireille Hadas-Lebel***

Albin Michel, 2021, 208 p., 19,90 €

Les sources disponibles concernant les pharisiens sont réduites : les ouvrages de Flavius Josèphe à la fin du Ier siècle de l'ère chrétienne, le Nouveau Testament avec sa célèbre malédiction : *« Malheur à vous, scribes et pharisiens hypocrites ! »*, et la tradition rabbinique, que l'historienne ne peut solliciter qu'*« à titre d'appoint »* car elle est plus tardive. Ces sources permettent toutefois à Mireille Hadas-Lebel de dresser un portrait de l'ancienne secte juive, dont la mauvaise réputation de fausse dévotion a contribué au mépris chrétien à l'égard du judaïsme et dont une approche historique peut servir l'amitié judéo-chrétienne. Faisant remonter l'origine des pharisiens à la révolte des Maccabées, Mireille Hadas-Lebel insiste sur la fonction politique du groupe, qui appelle le peuple juif à revendiquer sa liberté contre les Romains. Les pharisiens se distinguent par ailleurs des autres sectes juives (les esséniens et les sadducéens, notamment) par la croyance à la résurrection des âmes et au libre arbitre. La querelle entre Jésus et les pharisiens s'inscrit, pour l'historienne, dans le cadre normal des débats sur le sens de la loi, au point qu'on peut se demander si Jésus était lui-même pharisien. La malédiction de Jésus contre les pharisiens pourrait ainsi se lire comme l'usage d'une fonction prophétique : la mise en garde du peuple contre l'idolâtrie et l'injustice. L'ouvrage conclut donc à leur proximité certaine : *« Nul n'ignore que les querelles de famille sont les plus passionnées. »*

**Jonathan Chalier**

# Père ancien

***Charles Pennequin***

P.O.L, 2020, 192 p., 19 €

*« J'ai tout fait pour étouffer mais j'écris »*, rappelle celui qui, dans *Père ancien*, rassemble diverses pièces essaimées de 1996 à nos jours. Le tout en fidélité à sa doctrine : *« chercher la merde à vouloir vivre »*. L'auteur ne peut *« pas plus que le peu peut »*, mais l'ouvrage laisse la place à des litanies, des chants intérieurs, des *« bobines »* qui se déroulent en revenant, selon une figure que Freud esquisse dans le célèbre épisode de l'enfant au toton. Il s'agit de débloquer à la fois les paroles, les dogmes et même les mausolées que sont les livres par le tournant, le tournoiement et la tourmente des mots afin de parler vrai, à l'image de Flaubert et de Beckett. L'auteur *« veut accrocher quelque chose »* dans la petite forme du peu, du nul, du resserré pour saisir le vide de soi-même par-delà toute forme de discussion. Pennequin peut ainsi *« parler pour rien »*, mais pour mieux dire. Une telle poésie est chaleureuse, rusée et massacreuse.

**Jean-Paul Gavard-Perret**

# Pour en finir avec la nature morte

***Laurence Bertrand Dorléac***

Gallimard, 2020, 220 p., 26 €

Le concept de nature morte date du XVII^e^ siècle. Mais ce type de représentation, comme le rappelle Laurence Bertrand Dorléac, remonte à l'aube de l'humanité quand un dialogue commence au sein d'une *« communauté morte-vivante »*. Néanmoins, du VI^e^ au XVI^e^ siècle, la nature morte disparaît d'Europe. L'autrice montre que, dans ce laps de temps, l'objet n'est qu'un signe qui accompagne la figuration de Dieu et autres saints. Il faudra donc attendre mille ans pour qu'il devienne la glorification de l'humble et exprime le sens du moindre. À la figuration du sacré se substitue celle d'une *« trivialité positive »* (Baudelaire). La nature morte reste bien vivante. L'objet est recyclé dans l'art et acquiert une vie propre dès l'éclosion du capitalisme et de la société de consommation. Laurence Bertrand Dorléac montre comment certains mouvements du XX^e^ siècle s'élèvent contre la chosification de l'art en tant que produit d'un marché. À l'inverse, la nature morte montre que derrière la chose et sa reproduction, il n'y a pas rien mais tout – le rien du tout, son fantôme, sa pétrification dans une sorte de défi que relèvent et révèlent par exemple Andrès Serrano, Wim Delvoye, Jean-Pierre Formica, Not Vital, Jan Fabre et d'autres.

**Jean-Paul Gavard-Perret**

## Toni tout court

***Shane Haddad***

P.O.L, 2021, 160 p., 17 €

Il existe dans ce livre la naissance d'un nouveau *Grand Meaulnes* version féminine et XXIe siècle : *« Ni une adolescente ni une adulte. »* Comme son aîné, Toni est dans l'entre-deux et son histoire devient un roman d'initiation. Un peu plus tard, la narratrice se noiera dans la foule pour en ressortir femme : *« Mes hanches seront adultes »*, et elle s'espère *« sans haine, sans violence, sans incompréhension et pleine de résilience »*. Certes, Toni se fait peu d'illusions : *« À dix ans Toni pensait que les choses ne changeaient pas. À vingt ans elle se rend compte que rien ne reste comme on le voudrait. »* Et ses émotions et ses aventures se heurtent à un mur encore plus haut que ce qu'il était dans l'enfance. Ce qu'elle a dans le cœur demeure, mais se heurte à bien des contradictions. Elles forcent à tâtonner encore et encore. D'où une impossibilité des sentiments. Les autres sont déjà tous amoureux de quelqu'un *« et moi je suis aux marges à regarder »*. Recouvrer une liberté revient à perdre des assurances face à bien des contradictions. Écrit à la première personne (la narratrice), à la deuxième (quand une voix, souvent maternelle, lui parle), à la troisième (quand elle s'observe), ce roman qui est aussi celui de la langue met en état d'urgence permanent, là où l'incertitude règne, entre angoisse, dégoût et espièglerie.

**Jean-Paul Gavard-Perret**

## Le fictionnel et le fictif

### Essai sur le réel et les mondes

***Éric Clémens***

Les Éditions du CEP, 2020, 135 p., 15 €

*Le Fictionnel et le fictif* propose des réflexions sur le rapport complexe entre la réalité et la fiction. Wilde, Derrida, Platon, Socrate, Lacan, Prigent, Deguy, Kant, Husserl, Godard, Rimbaud et Nancy permettent à Clémens de montrer que le mot juste ne sera toujours que juste un mot. Comment alors injecter dans la société l'expérience de la poésie et de la fiction ? En multipliant les tentatives de nomination savante et les départs avortés de la fiction, néanmoins, rien ne change. Il faut plutôt aller, selon l'auteur, là où ces savoirs ne font pas loi et laissent le non-savoir ouvrir la pensée. Clémens dépasse les dualismes sommaires au profit des mondes inventés dans et par la langue. Mais passer d'un monde donné à un monde inconnu ne va pas de soi. Les sommations du monde, qu'elles soient politiques ou économiques, ne doivent pas couper le sifflet aux créateurs et les faire tomber dans le *« désœuvrement »* (Blanchot) ou dans l'apitoiement narcissique. Haro aux délicatesses et place à la lutte contre l'incompréhensible !

**Jean-Paul Gavard-Perret**

# *En écho*

## *Tracts* Gallimard, nº 32

Avec *Premiers combats. La démocratie républicaine et la haine des juifs*, l'historien Vincent Duclert en appelle à la lucidité des citoyens face à la banalisation de l'antisémitisme. S'appuyant sur sa connaissance fine de l'affaire Dreyfus, il montre que la lutte frontale contre l'antisémitisme est un fondement de la société démocratique : en effet, s'en prendre aux juifs, c'est attaquer l'humanité tout entière. Et de rappeler la courageuse protestation des intellectuels contre l'injustice, d'Émile Zola à Jean-Pierre Vernant, et leur appel à rester vigilants.

## *Après-demain*, nº 60-61

Dans cette livraison du premier trimestre 2022, la revue de la Fondation Seligmann met « Notre Constitution en perspectives ». Frédéric Tiberghien déplore l'inflation législative, en grande partie déterminée par le recours aux ordonnances. François Colcombet regrette la faiblesse du pouvoir judiciaire, alors que *« la politique et l'argent continuent d'être à l'origine d'infractions graves »* : il plaide pour une indépendance des magistrats du Parquet. Stéphanie Hennette-Vauchez constate pour sa part *« la fragilisation, sinon la paralysie, du contrôle de constitutionnalité sous état d'urgence »*.

## *La Revue du Mauss*, nº 58

Ce numéro du second semestre 2021 de la revue du Mouvement anti-utilitariste dans les sciences sociales, « Générosités du récit. Quand raconter, c'est donner », interroge la capacité du récit de tisser nos vies. Qu'il soit littéraire, léger ou grave, qu'il communique un plaisir, une connaissance ou une identité, il repose en effet sur une « homologie avec le don ». L'individu et le groupe peuvent se constituer à travers la narration, comme Lewis Hyde le met en évidence dans sa lecture de Walt Whitman.

## *La Pensée*, nº 408

Le numéro d'octobre-décembre 2021 de la revue de la Fondation Gabriel Péri porte sur la crise des sciences sociales. Il critique le relativisme qui réduit la connaissance scientifique à une *« construction sociale du savoir »*, en rappelant que le monde social préexiste à sa compréhension. Pour Stéphane Bonnéry, la *« tentation relativiste »* est d'autant plus dangereuse qu'elle disqualifie tout savoir objectif des rapports de domination au profit des expériences subjectives des dominés.

## *Inflexions*, nº 49

Le numéro de janvier de la revue *Inflexions* prend la route. Si cet espace permet la communication des biens et des informations, il se prête également à la transmission des maladies et à la circulation des conflits. Mais la route est aussi le lieu du voyage, de la progression initiatique et de la découverte. La route est ainsi une notion ambiguë : elle peut favoriser ou entraver l'action, notamment dans le domaine stratégique.

# Auteurs

### *Michael C. Behrent*

Maître de conférences en histoire à l'Appalachian State University, il a notamment dirigé, avec Daniel Zamora, *Foucault and Neoliberalism* (Polity, 2015).

### *Hacène Belmessous*

Chercheur indépendant, il a récemment publié *Les Laboratoires de la haine* (Demopolis, 2019).

### *David Djaïz*

Haut fonctionnaire et enseignant à l'Institut d'études politiques de Paris, il est notamment l'auteur du *Nouveau Modèle français* (Allary Éditions, 2021).

### *François Giovalucchi*

Économiste du développement, enseignant associé à l'université catholique de Madagascar.

### *Manuel Lafont Rapnouil*

Diplomate, directeur du Centre d'analyse, de prévision et de stratégie, membre du comité de rédaction de la revue *Esprit*, il s'exprime ici à titre personnel.

### *Jean-Claude Monod*

Philosophe, chercheur au CNRS, il est notamment l'auteur de *L'Art de ne pas être trop gouverné* (Seuil, 2019).

### *Jean-Yves Pranchère*

Professeur de philosophie à l'Université libre de Bruxelles, il est notamment l'auteur, avec Justine Lacroix, du *Procès des droits de l'homme* (Seuil, 2016).

### *Dani Rodrik*

Professeur d'économie à l'université Harvard, il est notamment l'auteur de *La Mondialisation sur la sellette* (De Boeck Supérieur, 2018).

### *Céline Spector*

Professeure de philosophie à Sorbonne Université, elle est notamment l'autrice de *No demos ? Souveraineté et démocratie à l'épreuve de l'Europe* (Seuil, 2021).

### *Jean-Loup Thébaud*

Philosophe, il a notamment publié une discussion avec Jean-François Lyotard, *Au juste* (Christian Bourgois, 2006).

# esprit.presse.fr

**Antoine Coppola**
*Comment expliquer le succès des séries coréennes ?*

**Marc Lavergne**
*Soudan : retour à la case départ ?*

**Arthur Blanchon et Niels Planel**
*En finir avec l'insécurité économique de la jeunesse*

**Pierre-Henri Castel**
*Quand les enfants gribouillent (entretien)*

**Anne Cheng**
*Peut-on encore penser en Chine ? (vidéo)*

**Jean-Loup Thébaud**
*Françoise Coblence et l'incertitude du sujet moderne*

**Christophe Gaudin**
Hellbound *: portrait du Christ en Corée*

**Mounia Mostefaoui**
*Le pacte climatique de Glasgow*

**Rémi Baille**
*Christo, ou le regard transformé*

**Michel Marian**
*La candidature Pécresse face à l'extrême droite*

**Benoît Heurtel**
*Claire Tabouret. L'urgence et la patience*

**Florian Michel**
*Redécouvrir la figure d'Hélène Iswolsky (vidéo)*

•

Directrice de la publication
Anne-Lorraine Bujon

Fabrication : Transfaire Sarl, F-04250 Turriers, 04 92 55 18 14
www.transfaire.com

Création de la maquette originale et illustration de couverture : Ip-3 / Olivier Marty

*Publié avec le concours du Centre national du livre*

Dépôt légal février 2022 – Commission paritaire 0722 D 81899
ISSN 0014 0759 – ISBN 978-2-37234-203-2

**n° 483, Mars 2022**

Achevé d'imprimer sur les presses de Corlet Imprimeur
ZI, rue Maximilien Vox
Condé-sur-Noireau
14110 Condé-en-Normandie

N° d'impression : 2112.0872

PEFC 10-31-1510 IMPRIM'VERT®

*Esprit* est membre du réseau des revues européennes *Eurozine* (www.eurozine.com)